高等院校通识课教材

双碳与生活

干勤 等 ◎ 编著

重庆大学出版社

内容提要

本书在介绍碳达峰、碳中和及相关基本概念的基础上,从行为链、产业链、技术链、成本链和制度链等不同角度讲解碳排放及控碳措施,分别提出了个人控碳、生产控碳、技术控碳、机制控碳和制度控碳等路径,创建了"五链五控"的知识体系;首次从国家承诺、行业举措、地方示范及基层治理四方面,叙述了碳达峰、碳中和的中国方案。

本书主要作为高等院校的素质类、通识类课程教材,也可作为研究生及相关领域人员的参考用书。

图书在版编目(CIP)数据

双碳与生活 / 干勤等编著 . -- 重庆 : 重庆大学出版社, 2022.6(2025.8 重印)

ISBN 978-7-5689-3455-8

Ⅰ.①双… Ⅱ.①干… Ⅲ.①中国经济—低碳经济—研究 Ⅳ.①F124.5

中国版本图书馆 CIP 数据核字(2022)第 133425 号

双碳与生活

SHUANGTAN YU SHENGHUO

干勤 等 ◎ 编著

策划编辑:杨粮菊 鲁 黎
责任编辑:苟荟羽 版式设计:杨粮菊
责任校对:谢 芳 责任印制:张 策

*

重庆大学出版社出版发行
社址:重庆市沙坪坝区大学城西路 21 号
邮编:401331
电话:(023)88617190 88617185(中小学)
传真:(023)88617186 88617166
网址:http://www.cqup.com.cn
邮箱:fxk@cqup.com.cn(营销中心)
全国新华书店经销
重庆新生代彩印技术有限公司

*

开本:787mm×1092mm 1/16 印张:12.5 字数:200 千
2022 年 6 月第 1 版 2025 年 8 月第 3 次印刷
ISBN 978-7-5689-3455-8 定价:39.00 元

序　言

地球正变得越来越暖和。根据气象记录，全球平均气温较工业化前上升超过1℃。气温持续上升，给生态环境以及人类的生存带来长期不可逆转的破坏。比如，亚马孙热带雨林经常性干旱、北极海冰面积减少、北美的北方森林火灾和虫害、全球珊瑚礁大规模死亡、格陵兰冰盖加速消融、永久冻土层解冻、南极西部冰盖加速消融等。全球气温每上升1℃，海平面将会上升2米，直接威胁到沿海居民的繁衍生息，缩减人类的栖息地。

携手应对地球变暖，应对气候剧变，刻不容缓。在2021年4月举行的全球领导人气候峰会上，联合国秘书长古特雷斯呼吁："现在，让我们动员政治领导人一同向前迈进，战胜气候危机，结束人类与自然的对立，为所有人创造繁荣和有尊严的生活。"联合国政府间气候变化专门委员会（IPCC）自1988年成立后，定期发布气候变化评估报告，审视全球气候变化，为应对气候变化不断呼吁提供对策。各国不懈努力，先后推出了《联合国气候变化框架公约》《京都议定书》《哥本哈根协议》《巴黎协定》等一系列国际公约。特别是《巴黎协定》，反映了各方关切，得到绝大多数国家的支持，为确保全球平均气温较工业化前水平升高控制在2℃以内奠定了坚实基础。在"奔向零碳"的路上，各国相继作出减排承诺，采取关键性举措，提出碳达峰、碳中和相关的法案或者政策性文件。大部分国家承诺在21世纪中叶实现碳中和。因此，2021年被称为"双碳元年"。

中国为应对全球气候变化，提高了自主贡献力度。2020年9月22日，习近平总书记在第七十五届联合国大会一般性辩论上郑重宣布："中国将提高国家自主贡献力度，采取更加有力的政策和措施，二氧化碳排放力争于2030年前达到峰值，努力争取2060年前实现碳中和。"这一目标简称"3060"目标。

作为"3060"目标及其一系列实施路径与举措的中国方案，事关我国第二个百年奋斗目标的实现，事关中华民族永续发展，事关人类命运共同体的构建。

习近平总书记指出："放眼世界，我们面对的是百年未有之大变局。""中国之变"与"世界之变"同镜同框，深刻影响"教育之变"。在全球双碳行动之际、中国"3060"目标推进之际，为切实践行习近平总书记关于教育的重要论述，在"百年未有之大变局"的世界视野下推进人才培养工作，输送适应并引领促进"3060"目标行动的双碳人才，2021年，重庆科技大学在全国最早、率先系统开设了本科课程"双碳与生活"和有深度的研究生课程"双碳研究专题"，普及知识，深化研究，服务发展，践行使命。

《双碳与生活》力求将教学与研究、共识与焦点、服务与普及等深度融合，力求夯实"3060"目标行动的教育启智与人才培养基础。这是一本教学之作、系统之作、科普之作，期冀能为国家实现碳中和目标提供更多的力量。

本书编写组

2022年5月26日

前　言

　　人们的生产生活不同规模地排放二氧化碳，是加剧气候变化和地球变暖的主要因素之一。极端气候频发，生态环境不断恶化，严重威胁人类的繁衍生息。

　　应对气候变化，实现碳中和，是摆在每个人面前的重大挑战。全球大部分国家已明确碳中和实施路径与达成时间。实现碳中和是我国实现社会主义现代化强国的必经之路。我国于2021年10月发布了《2030年前碳达峰行动方案》，聚焦2030年前碳达峰目标，对推进碳达峰工作作出总体部署。我国要力争用不到10年的时间实现碳达峰，并且争取用不到30年的时间实现碳中和。这既为经济社会发展全过程带来巨大的挑战，又为各方面的转型升级带来重大历史机遇。

　　我们编写《双碳与生活》的目的，旨在普及双碳知识，增强全民低碳意识，及时推动培养一批能适应、能引导、能引领国家碳中和发展需求的高素质人才，为国家双碳目标的实现、各行各业的转型升级奠定人才基础。

　　本书以"五链五控"为完整的逻辑体系，按行为链、产业链、技术链、成本链和制度链，从个人控碳、生产控碳、技术控碳、机制控碳和制度控碳，分别阐述实现碳中和的路径和举措，共六章。第一章介绍了碳达峰、碳中和的由来及基本概念，阐述了双碳对人类生活的影响，倡导"人类命运共同体"意识；第二章立足行为链和个人控碳，从衣、食、住、行、用、游等方面介绍了个人行为对碳排放的影响，并提出个人行为控碳措施；第三章立足产业链和生产控碳，从能源供给与能源需求两个方面，介绍了不同行业在双碳背景下的机遇与挑战以及双碳实施路径，讲解了生产控碳的主要方法；第四章立足技术链和技术控碳，介绍了当前碳循环、碳捕集、碳转化、碳封存、碳监测、碳智慧等主流的控碳技术，并探讨了未来的控碳技术；第五章立足成本链和机制控碳，讲解了碳交易、碳贸易、碳金融和碳税，剖析了经济、金融机制对实现碳中和的途径影响和支撑作用；第六章立足制度链和制度控碳，介绍了全球重要共识和国际上典型国家和区域的双碳制度措施，简述了包含国家承诺、行业举措、地方示范及基层治理等全体系控碳制度内容的中国方案。

本书由重庆市创新文化研究中心主任、管理学博士干勤教授拟订编写思路和提纲，主持研讨，编著各章主要内容，并负责全书统稿，来自能源、冶金与材料、计算机与人工智能、经济、管理、法学等专业的八位博士参与编写，分别为肖前华教授（参编 2.1，2.2，2.4，2.5，3.1.2，4.2，4.4，4.5）、秦跃林教授（参编 3.1.1，3.2.1，3.2.4，3.2.5，4.1）、杨睿宇教授（参编 1.1，1.2，1.3）、金尚柱教授（参编 2.3，3.2.2，3.2.3，4.3，4.6，4.7）、陶宇副教授（参编 5.4）、范巧教授（参编 5.1，5.3）、杨贵中教授（参编 5.2，6.1，6.2，6.3）、胡晓讲师（参编 2.6）。本书内容充分体现科教融汇及产教融合，邀请科研院所及企业专家全程参与了教材的讨论，分别为重庆市绿色低碳发展研究院的马斌院长、天河智慧产业科技（重庆）有限公司的张泽钊总经理。本书在编写过程中，还得到了重庆大学出版社的支持和帮助，书稿中参考和引用的有关单位和个人的研究成果或相关资料已在参考文献中列出，在此一并表示感谢。

由于编者水平有限，书中错误和不足之处在所难免，敬请同行和读者批评指正，以便不断改进和完善。

导　读

一、主要内容

本书内容主线为"五链五控"。第一章为基本概念，着重介绍碳及碳排放的危害，碳达峰、碳中和的基本概念，碳达峰、碳中和之间的关系，双碳对人类社会发展的影响。后续五章分别围绕行为链与个人控碳、产业链与生产控碳、技术链与技术控碳、成本链与机制控碳、制度链与制度控碳五方面展开。第二章为双碳与日常生活，从行为链及个人控碳角度，介绍日常行为对碳排放量的影响程度以及个人控碳的基本方法。第三章为双碳与生产服务，从产业链及生产控碳角度，介绍工业生产行为对碳排放量的影响程度以及生产控碳的基本方法。第四章为双碳与关键技术，从技术链与技术控碳角度，介绍碳循环、碳捕集、碳转化、碳封存、碳监测与碳智慧的概念及其对实现碳中和目标的重要性。第五章为双碳与经济发展，从成本链及机制控碳角度，介绍碳交易、碳贸易、碳金融及碳税的概念及其实践模式、制度。第六章为双碳与治理经验，从制度链及制度控碳角度，介绍《联合国气候变化框架公约》《京都议定书》《巴黎协定》等重要国际公约，最后对碳中和行动的中国方案进行介绍。

全书每章设置了学习目标、情景导入、拓展阅读、思考与练习、体验与实践等板块，在帮助读者理解、拓展双碳知识的同时，融入双碳相关的课程思政、就业创业等元素。

二、阅读须知

为了提高效率和效果，在阅读时，一要了解整本书的架构。可以通过前言、导读、目录等部分进行了解。二要明确每章的学习目标。学习目标包含了知识目标、素质目标和能力目标；对相应章节进行学习，结合情景导入、拓展阅读、思考与练习、体验与实践等环节有效达到学习目标的要求。三要随时了解国内外双碳发展进程，并将相关知识和信息应用到自身的研究和生活中。书中部分地方插入了相关材料链接的二维码，可通过扫码阅读，收集、掌握更多双碳的最新知识。

三、教学建议

首先，关于授课对象，本书适用于所有专业，可以作为普通高等教育和职业教育院校的素质类、通识类课程教材；第二，关于授课学时，建议不低于32学时；第三，关于教学目标，每一章罗列的学习目标，既是学生的学习目标，也是老师授课时的教学目标；第四，关于教学内容，建议授课教师充分理解并讲授双碳行动的背景、意义、目的和目标，并以"五链五控"为主线进行内容设计与讲授；第五，关于教学方法，建议总体采用"理论讲授、课堂讨论、考察调研、线上线下"相结合的混合式教学模式，综合应用问题探究法、讨论法、讲授法、案例教学法等多种教学方法，提倡借助PPT、音频、视频、动画等多媒体以及智慧教学工具进行教学；第六，关于考核方式，建议采用非标准试题答案等考核方式，也可采用平时成绩加期末调研报告等方式进行考核；第七，关于最新材料，教师应适时向学生提供或增添最新参考资料，做到与时俱进教学。

目　录

3

双碳与生产服务
057

5

双碳与经济发展
123

1

双碳
与人类命运

双碳与人类命运

知识目标：了解碳及碳排放的危害；掌握碳达峰、碳中和的基本概念；明确碳达峰、碳中和之间的关系；理解双碳与日常生活之间的基本关系。

素质目标：认识双碳对人类社会发展的影响，树立人类命运共同体意识。

能力目标：能够用通俗的语言向他人解释碳达峰、碳中和的基本概念及相关基础知识。

【情景导入】

真正实现碳中和的"绿色奥运"

2022年北京冬奥会成为首个真正实现碳中和的奥运赛事。其广泛运用科学技术至场馆建设、交通出行、能源供应等方面，实现了"绿色奥运"、碳中和方式办奥运的目标。

为什么北京2022年冬奥会要关注双碳问题？北京2022年冬奥会是怎样实现碳中和的？具体的碳中和科技有哪些亮点？举办"绿色奥运"给我国实现碳中和目标带来哪些启示？

借助新技术实现碳中和

北京2022年冬奥会充分重视新科技，通过新技术实现碳中和目标，在很多方面都有亮点。比如，在场馆筹建方面，除了最大限度地利用现有场馆和设施，还制定了严格的绿色建筑标准，以全新标准推动场馆节能改造，打造低碳场馆；在交通出行方面，通过智能化管理调度并规模化应用清洁能源车辆，构建冬奥低碳交通体系；在可再生能源利用方面，建立跨区域绿色电力交易机制，确保冬奥场馆100%绿电供应；在生态修复方面，尽可能应用技术创新促进生态修复，减少人工建筑和生产活动对生态环境的干扰，创新促进生态修复，为赛事实现碳中和创造良好条件。

闪闪发光的科技"身影"

2022年冬奥会最大限度利用了2008年北京夏季奥运会的场馆遗产及其他设施，尽可能减少重复建设，因地制宜地采用新技术和重复利用材料进行改造升级，创新性地实现了冬季项目与夏季项目并行，大大减少了新建场馆所产生的碳排放。例如，国家游泳中心通过在游泳池搭建可移动、可转换的场地结构，安装可拆装制冰系统，在保留水上功能的基础上变身为2022年北京冬奥会冰壶和轮椅冰壶场馆，创新性地实现"水冰转换"，成为世界上首个在泳池上架设冰壶赛道的奥运场馆。

绿色、低碳、节能理念贯穿新建场馆的设计、规划、建设全过程。专家和工程师们采用了不少巧妙的办法，比如，国家雪车雪橇中心结合赛道形状、自然地形和人工地形、遮阳屋顶等，研发并实施了地形气候保护系统，可有效避免阳光对赛道的直射，降低场馆运行过程中的能源消耗。

应用智能化交通系统和管理措施，助推构建低碳交通运输服务体系，成为北京冬奥会的重要绿色行动之一。北京冬奥会提出"氢能出行"，开展制、储、运、加氢全供应链的关键技术研发，将氢能发动机装配在公交、物流等不同车型上，使氢能运用在交通中。此外，北京冬奥会还搭建了"交通资源管理系统"，实现赛时交通服务车辆的实时监控、车辆调度、数据分析等功能，加快交通疏导速度，及时推送服务班车班次信息，提高交通服务的精准度和运输效率，以实现节能减耗。

北京2022年冬奥会是奥运史上首次全部使用绿色清洁电力的奥运会。国家新建张北±500 kV柔性直流电网工程，将其他地区绿色清洁电能引入北京，不仅满足冬奥场馆的照明、运行和交通等用电需求，还可每年向北京等地输送清洁电量约225亿千瓦时，实现赛事期间，所有场馆100%绿电供应。

北京冬奥会在场馆和设施建设过程中，还通过采取针对动植物、水体、大气、土壤等的生态环保措施，对户外场馆和周边区域实施生态恢复，减少对赛区周边生态系统的扰动。国家跳台滑雪中心采用"局部山体切削面的生态再造格宾支护体系"，对切削后的碎石和土壤进行筛选，组合填充到格宾网箱中形成支护体系，再种植合适的植被，实现生态恢复目标。

资料来源：苗润莲和童爱香,2022

从本案例可以看出，双碳正在影响人类社会的各行各业。本章重点介绍碳及其带来的正反两方面影响，厘清碳中和、碳达峰的基本概念，分析两者之间的关系，同时介绍双碳目标的设立、双碳的影响，能让读者对双碳与人类命运有基本认识，为后面的学习打下基础。

1.1　双碳的基本概念

碳达峰与碳中和，合称双碳。学习双碳，首先要了解碳及碳污染、碳排放对温室效应的影响，才能深刻理解双碳目标的内在逻辑。双碳里的"碳"本是指一种化学元素，它是一种既有正面作用，也有负面作用的基本元素，学习其正反两方面的影响可以对双碳有基本的认识。

1.1.1　碳及碳作用

碳（Carbon）是一种非金属元素，其化学符号为C，位于元素周期表的第二周期ⅣA族，是自然界一种很常见的元素，以多种形式存在于大气、地壳以及生物中。人们很早就认识到了碳，并认可它所发挥的作用。

碳是经济社会发展所需要的铁、钢的重要成分之一，在人类社会生产的发展和进步中发挥着重要的作用。工业社会的发展，第二产业的推动，大量能源的使用，加速了人类社会的进步，提高了人们的生活质量，同时碳的排放量也不断增大。全球化加快了产业转移，也使碳的辐射面更加广阔。

1.1.2　碳污染与气候危机

碳污染是指碳燃烧后产生的二氧化碳浓度增加到一定程度形成的污染，它会破坏生态系统。几百年来，碳为人类社会发展作出了贡献。伴随着工业的发展，人类生产生活排放了大量二氧化碳，引起温室效应。碳及碳污染的影响已成为全球共同面临的问题。

碳污染是导致气候急剧变化的主要原因。联合国政府间气候变化专门委员会（Intergovernmental Panel on Climate Change，IPCC）是在全球气候治理中牵头评估气候变化的国际组织。它从20世纪90年代开始发布评估报告，专门围绕气候变化对全球的影响作出系统评价。截至2023年3月底，其已发布了六次专门报告。报告多次指出气候变化面临的现实危机；最明显的表现是全球气候变暖；气候变暖主要是由全球二氧化碳排放量的增长引起；近几十年的变暖速度远超过去几千年的速度；气候变暖导致人类社会和自然系统出现了不可逆转的负面影响，直接威胁人类生存和可持续发展。

人类活动促使气候变化的速度加剧，远超出自然界和人们的适应能力，从而演变成了气候危机。气候危机的结果是极端天气的不断出现，强降雨、干旱、洪水等自然灾害影响人们的正常生活，直接威胁人类的发展。

1.1.3　碳达峰的基本概念

碳达峰（Peak Carbon Dioxide Emissions）是指碳排放量达到峰值后不再增长[1]，即二氧化碳排放量由升转降的拐点。碳排放与生产技术、科技实力密切相关，部分发达国家凭借先发优势已经实现碳达峰。

---

[1] 安永碳中和课题组. 一本书读懂碳中和[M]. 北京:机械工业出版社,2021：8.

碳达峰意味着在满足生产生活实际需求的情况下，实现碳排放减少，直接助力应对气候变化。理解碳达峰不能单一地看碳排放的危害，而应该辩证分析碳排放与满足社会需求的关系。

实现可持续发展需要兼顾很多方面，不是简单地以人为降低发展速度为代价，而是应从技术提升和环保意识增强的角度来达到此目标。

1.1.4 碳中和及其相关概念

学术界对碳中和（Carbon Neutrality）之定义表述尚无一致意见。通常将它视作节能减排术语，指在特定时间内，每一个对象（可以是全球、国家、企业甚至某个产品等）未来"排放的碳"与"吸收的碳"总量相等[①]，也有表述为二氧化碳排放量的收支抵消，达到平衡。

实现碳中和，主要靠碳排放技术和控碳方式。主要包括植树造林、碳捕集与封存、二氧化碳净零排放等。

碳捕集与封存（Carbon Capture and Sequestration，CCS），又译为碳捕获与埋存、碳收集与储存等，主要是针对大型发电厂所产生的二氧化碳，通过技术手段，采取多种方法将其封存或者储存起来，避免二氧化碳排放到空气中。该技术是国际社会普遍认可的经济高效、宜于大规模应用的方法，其已经成为二氧化碳减排的主流方式。

广义地来看，碳中和瞄准的目标，是实现温室气体最终达到净零排放。狭义地来看，主要是通过对生产活动的控制，保证碳排放符合相关要求。

1.1.5 碳达峰与碳中和的关系

碳达峰是实现碳中和的前提，它们之间有着极为重要的承前启后关系。碳达峰的实现时间及峰值高低对后续实现碳中和的时间跨度产生直接影响。碳达峰的实现时间越早，实现碳中和的压力就越小。碳达峰尽早实现，将为达到碳中和的目标打下更好的基础。

碳达峰与碳中和均会对社会经济发展形成全面的影响，对社会各行各业的技术进步产生实质推动。面对双碳目标，无论是传统行业还是新兴产业，无论是技术升级还是产业转型，都应根据双碳要求去实现新的转变。

碳达峰与碳中和都是应对气候变暖的主要方式。相较而言，碳中和主要是通过对行业产业的技术、体系、设施等方面的把控和创新，以全新的发展路径应对气候变化问题。

1.2　双碳目标的设立

1.2.1　全球双碳目标

从1972年联合国人类环境会议通过的《斯德哥尔摩宣言》，至2015年第21届联合国气候大会通过的《巴黎协定》，全球开始关注并采取行动应对碳污染引起的气候变化，明确提出了到本世纪末，将全球平均温升保持在相对于工业化前水平2℃以内，并为全球平均温升控制在1.5℃以内付出努力的目标；明确提出要通过提升产业技术水平，将碳达峰与碳中和作为应对全球变暖的这一主要目标。提出双碳目标40多年来，已经完成碳达峰目标的国家已有50余个。预计到2030年全球将有60余个国家实现碳达峰。2060年预计实现碳中和的国家将达到30余个。

近年来，随着极端气候的加剧，世界各国加快了双碳目标的推进。

2015年5月，第21届联合国气候大会通过了《巴黎协定》，但其部分实施细则未落实。2019年12月，《联合国气候变化框架公约》第25次缔约方会议（COP25）在西班牙举行，大会重点讨论了《巴黎协定》第六条实施细则，经过多方努力，在加强全球合作等方面达成了共识。这次会议为推动全球双碳工作奠定了良好基础。2021年11月，在英国格拉斯哥联合国气候变化大会期间，中国和美国发布了《中美关于在21世纪20年代强化气候行动的格拉斯哥联合宣言》，世界上最大的两个经济体在应对气候变化上进一步合作，助力全球共同实现温控目标。之后，经过各方协调，各国对《巴黎协定》第六条具体实施细则基本达成了共识，既为实现《巴黎协定》奠定了基础，又为实现全球双碳目标创造了更多条件。

1.2.2　中国双碳目标

我国从"十一五"时期开始采取众多措施推进节能减排，并取得了实效。此后，通过推动产业技术转型升级、优化产业结构、加强对污染行业治理、加大绿色产业等措施，逐年推进节能减排。党的十八大以来，我国的生态环境保护取得了更大成效。党和政府着眼长远，加快推进新能源使用，推动钢铁、石化、化工等传统高耗能行业转型升级，构建绿色低碳循环发展经济体系；注重推进高质量发展，统筹兼顾好经济社会发展与生态文明建设关系，推动社会可持续发展。

2020年9月，习近平总书记在第七十五届联合国大会一般性辩论上明确提出我国的双碳目标，即二氧化碳排放力争于2030年前达到峰值，努力争取于2060年前实现碳中和。习近平总书记的讲话围绕碳达峰与碳中和分别实现的时间节点、实现的程度及具体的工作任务做了要求，为气候变化问题的应对明确了方向。

2020年12月，习近平总书记在气候雄心峰会上通过视频发表题为《继往开来，开启全球应对气候变化新征程》的重要讲话，宣布中国自主贡献一系列新举措，明确"到2030年，中国单位国内生产总值二氧化碳排放将比2005年下降65%以上，非化石能源占一次能源消费比重将达到25%左右，森林蓄积量将比2005年增加60亿立方米，风电、太阳能发电总装机容量将达到12亿千瓦以上"。讲话明确指出我国将以新发展理念为引领，在推动高质量发展中促进经济社会发展全面绿色转型，逐步落实双碳等目标，为全球应对气候变化作出更大贡献。

1.3 双碳的影响

双碳影响广泛。双碳目标实现与否关系到生态文明建设、产业健康发展等各方面，关系到美丽中国的实现，关系到中华民族的永续发展，关系到社会主义现代化强国的建设。

1.3.1 双碳目标面临的挑战

从近年来持续进行的节能减排和环境保护，到我国提出的未来几十年的战略目标，我国双碳目标的实现面临诸多挑战。

碳排放量偏大。自我国改革开放以来，特别是加入WTO之后，我国融入全球化发展，既实现了国内经济快速发展，也为世界经济作出了重要贡献。

作为全球产业链最为完整的国家和制造业大国，工业生产的现实决定了我国的碳排放总量快速增长。作为全球领先的产业基地，只有通过产业升级和技术提升才能健康有序推进双碳，循序渐进实现目标。

碳排放强度较高。我国碳排放强度高，为实现双碳目标带来了客观上的挑战。作为全球最大的发展中国家和人口最多的国家，我国产业结构、能源问题复杂，要减少碳排放强度，涉及的问题众多，需要统筹各方面才能实现。

实现时间紧迫。相较于已经实现了碳达峰的发达国家，我们要在既定时间实现碳达峰与碳中和，从时间上来讲更为紧张，需要更先进、更适应现代产业发展的新技术。

1.3.2　双碳目标带来的机遇

中国作为最大的发展中国家，要实现双碳目标，需要在技术革命、产业升级上作出更多努力，这又为我们带来了更多机遇。

为技术革命和产业升级带来机遇。从产业链、供应链、利益链系统地来看，需要技术革命和产业升级才能促进社会经济持续发展。双碳目标则要求我们在众多领域不断提升控碳技术，通过技术创新、科技研发等确保产能产量增加的同时，实现碳排放减少的目标。

提升我国的能源利用率。我国部分行业产业由于技术限制、结构比例不同等客观现状，能源的利用率还不够高。双碳目标将倒逼产业转型升级，确保绿色技术的提升，让行业产业能更有效地利用现有能源，减少能源利用不充分的现状。

促进新能源产业发展。双碳的实现需要减少高碳能源使用。双碳战略会加速新的能源革命。低耗能、无污染的新能源会更广泛地用于生产与生活，将会有更多的行业企业、科研院所投入新能源的研发，从而加快新能源产业的发展。

1.3.3　双碳目标促进人类发展

双碳目标要求未来的经济发展必须以低碳生产为基础。该目标的提出为我国提供了提升产业技术、增强产业竞争力、实现产业创新、改善人居环境、提高人民生活质量的重要推动力。

根据相关协定，中国、美国、日本、印度、欧盟等在内的100多个国家及地区先后提出了相应的碳中和目标。从全球范围来看，双碳目标的实现涉及政治、经济、科技、文化等众多领域，需要各国的通力合作；双碳目标的实现还关系到众多的行业及相关领域，需要平衡各方利益；双碳目标的实现能够很好应对气候变化，促进全人类的可持续发展。

积极合作采取措施应对气候变化，共同促进人类进步已成国际共识。为了人类命运共同体的可持续发展，越来越多的国家将实现低碳社会作为其发展的根本指引。通过实施双碳战略，不断调整适宜的应对气候变化的政策，推动新一轮的能源技术和产业革命，人类社会最终会实践出一条适宜全人类发展的低碳、绿色的新兴发展路径，实现人类共同进步。

1.3.4 双碳目标关乎个人生活

社会运转需要能源和碳的支撑。我们的日常生活离不开碳，实现双碳目标需要全社会共同努力，需要全新的节能生活方式，减少日常的碳排放。因此，个人生活方式的优化改变将成为推进双碳的重要条件。

气候变化客观上加速了人们生活方式的改变，低碳生活与生产方式也给人们带来了更多的选择，如共享办公、共享出行等。实际上，双碳不仅关乎能源供给和生产技术，还关乎人们的衣食住行等。可以说，日常生活都与碳相关，未来低碳生活方式应成为人们最终的一种生活方式和生活习惯。

低碳生活是一种绿色、环保、简约的生活方式。人们在日常生活中可以减少不必要的消费，倡导基于环保理念选购消费品；每一位公民还应该积极宣传双碳理念，影响身边的人，从自我做起，为双碳目标的实现贡献力量。

【拓展阅读】

（1）在第七十五届联合国大会一般性辩论上的讲话[N].人民日报海外版，2020-09-23（2）.

（2）习近平在中共中央政治局第三十六次集体学习时强调 深入分析推进碳达峰碳中和工作面临的形势任务 扎扎实实把党中央决策部署落到实处[N].人民日报，2022-01-26（1）.

（3）崔兴毅.气候变化正在影响人类健康[N].光明日报，2022-04-07（16）.

（4）陈永权."碳中和"催热高校低碳专业,低碳人才成就业市场"新宠"[N].长江日报，2021-06-22（1）.

（5）张蕾,饶胜,储成君,等.二〇二三看美丽中国建设的时代印记[N].光明日报，2023-12-30（5）.

（6）刘毅.向《联合国气候变化框架公约》秘书处提交的报告表明中国在应对气候变化全球治理中作出积极贡献[N].人民日报，2023-12-31（8）.

（7）以美丽中国建设全面推进人与自然和谐共生的现代化[N].人民日报，2024-01-01（1）.

【思考与练习】

（1）判断：我国二氧化碳排放力争于2035年前达到峰值。（　　　）

（2）判断：我国努力争取2060年前实现碳中和。（　　　）

（3）判断：北京2022年冬奥会是奥运史上首次全部使用绿色清洁电力的奥运会。（　　　）

（4）以下哪项不是实现双碳目标的举措？（　　　）

A.节能减排　B.产业转移　C.产业技术升级　D.增加新能源使用

（5）《联合国气候变化框架公约》第25次缔约方会议（COP25）是在哪一年召开的？（　　　）

A.2022年　　　B.2021年　　　C.2020年　　　　　D.2019年

参考答案：（1）×；（2）√；（3）√；（4）B；（5）D。

（1）日常出行中，人们可以轻松实现的低碳绿色方式有哪些?

（2）实现我国双碳目标，首先应达到哪些具体目标?

（3）你能想象未来的零碳生活是什么样的吗? 请描述你心中的零碳生活。

2

双碳
与日常生活

双碳与日常生活

知识目标：从行为链及个人控碳角度，认识日常行为对碳排放量的影响程度，掌握个人控碳的基本方法。

素质目标：培养节能环保意识，养成低碳生活习惯，弘扬勤俭节约的中华传统美德。

能力目标：了解日常行为链中的碳排放特征，能够向他人讲解并引导他人养成低碳生活方式。

【情景导入】

气候变暖，我们还能吃上大米吗？

对于南方人来说，米饭才是活着的意义，一天不吃米饭就会觉得生命好像少了点啥，当然可能北方人不同意，他们可能会觉得不吃面食就浑身无力。而如果考虑螺蛳粉、桂林米粉、糯米糍、年糕、米酒等美食的话，可能每一个中国人都会同意大米对我们的影响深远了。

其实不只是中国，大米对整个世界都具有重要意义，大米养活了世界上超过一半的人口。然而有科学家认为，随着气候变暖的加剧，水稻这种重要的作物，可能面临大面积减产的威胁。

虽然现代农业已经实现规模化生产，但还是一个很大程度上靠天吃饭的行业，比如水稻的产量与光、热、水等气候因素密不可分，其中任何一个因素都是我们无法控制的，都会对水稻的产量产生很大的影响。

气候变暖首先将影响全球的气温。自20世纪80年代以来，气候逐渐变暖，尤其是最近10多年来多次发生大规模连续高温事件，很容易导致水稻减产。在水稻开花授粉之前的温度剧烈波动，会影响水稻颖花的形成，导致花的畸形或是败育，从而受精失败，造成水稻结实率下降。

在水稻开花授粉之后，就会进入灌浆期。这个阶段就类似我们向暖水袋中灌热水，只不过水稻灌的是经过光合作用形成的有机物——地下根系吸收到的水分以及无机物被运输到叶片中进行光合作用，形成有机物后马上被运输到谷粒中，这些有机物最初是乳白色的液浆，因此这个时期被称为灌浆期。水稻在灌浆期需要比较稳定的温度，一旦温度过高，就容易被催熟。形象一点说就是，暖水袋的注水口因为高温而封闭，再也无法灌入更多热水了，这时候我们将会收获一个半满或是空的暖水袋——换到水稻上，就是秕谷。

气候变暖的另一个显著影响就是极端气候的增加。无论是干旱还是洪涝灾害，都容易导致水稻播种面积下降，以及已播种水稻的大规模死亡。水稻的种植需要大量的水，但是一旦水田中的水过深又会导致水稻烂根死亡。因此一旦遇到极端气候下的旱涝，都将导致水稻大规模减产。

此外，极端气候也会导致海水倒灌，同样会造成水稻减产。亚洲是世界上种植水稻最多的区域，除了中国，印度、东南亚等地也以大米作为主食，而这些地方的水稻大多种植在临海的河流三角洲上，比如越南的湄公河三角洲和泰国的昭拍耶河平原，这些地区海拔较低，一旦由于干旱引起河流水位下降，就会导致海水倒灌。海水中的盐分沿着河网渗入农田，会导致水稻严重减产甚至绝收。在2015年、2016年的干旱中，海水倒灌到越南内陆70公里处，摧毁了40.5万公顷稻田，而在2021年同样因为海水倒灌，越南九龙江三角洲地区就有100万公顷水稻受到威胁。

我国每年在秋收之后都会进行粮食收获统计，所以在新闻上经常看到"八年丰""九年丰"等，然而在2016年，粮食产量统计数据却比上一年降低了0.8%（虽然不多，但也是一个丰收年），其中一个重要原因就是洪涝之后又遇到高温和干旱——"南方多地遭受强降水，湖北、安徽等地受灾较重，部分农田反复受淹，作物倒伏严重。7月下旬至8月中下旬，南方一些地区又遭遇持续高温天气，导致水稻空壳率增加；东北、西北部分地区出现不同程度旱情，对玉米后期生产和灌浆不利。据民政部统计，2021年1—10月份，全国农作物受灾面积3.97亿亩，比上年同期增加5 410万亩，增长25.7%；绝收面积6 218万亩，增加1 719万亩，增长70.9%。"

还有一种威胁就是，水稻所遇到的疾病数量也在增加。比如细菌性枯萎病，是一种由伯克霍尔德菌引起的疾病，容易导致幼苗腐烂。科学家认为，随着气温升高，细菌的活跃程度将会加强，从而导致枯萎病的大面积蔓延。而原本纬度稍高的地方，气温比较低，所以类似的疾病并不经常发生，一旦气温升高，类似的疾病也会向更北部的地方蔓延。

最后一种意想不到的威胁是，气温升高会导致水稻中有害元素，比如砷的富集，从而对人体造成危害。可能有些人对砷不太熟，不过提起砒霜，大家可能就比较熟悉了，它的化学成分就是三氧化二砷。砷在土壤中是一种微量元素，一般情况下它并不会富集，但是由于水稻生长于水田中，其根系部位是缺氧的，在这种环境中生活的微生物会向土壤中释放出大量砷元素，这样就使得水稻容易富集砷元素。有科学家在室内实验中发现，一旦温度升高，一方面水稻产量会下降，另一方面大米中会富集砷元素。

当然，面对这种威胁，我们也并不是毫无还手之力。现代的农业技术水平能让我们适时更改水稻种植制度。一个典型的例子就是，现在种植区已经北移，原来东北的伊春、黑河无法种植水稻，但是现在也可以种植了，而三季稻和双季稻的种植区域也有所北移，如果再对应更改种植时间，就能最大限度利用热量资源，增加水稻产量。

资料来源：微信公众平台"把科学带回家"，2021

气候变暖已经严重影响到我们的日常生活，但气候变暖的主要原因却离不开我们的日常生活。本章从个人行为链的角度，介绍衣、食、住、行、用、游等日常生活中的二氧化碳排放特征，重点讲解如何通过日常生活减少二氧化碳排放量。

2.1 双碳与衣

2.1.1 碳排放与衣

一件衣服从棉花、亚麻等原材料的栽培开始，经过特定工艺变成纱线、布，再经过染色形成面料，最后经剪裁形成衣服，再通过物流运送至不同地方，人们使用后最终变成垃圾，而后通过掩埋降解、焚烧等方式消亡。毋庸置疑，以上每一个环节都在排放温室气体——二氧化碳。

一件250克纯棉T恤的生命周期中，二氧化碳排放量约为7千克，这个质量相当于其自身质量的28倍。其中，原材料种植过程排放二氧化碳约1千克；衣服制作过程排放二氧化碳约1.5千克；各环节运输过程排放量约0.5千克；洗涤、烘干、熨烫（以25次计）等后期使用过程排放二氧化碳约4千克。

一条400克100%涤纶裤子或裙子，二氧化碳排放量约为47千克，这个质量相当于其自身质量的117倍，这还仅仅是针对其使用过程的耗电量进行折算的，如果将其他环节的二氧化碳排放量统计进来的话，总的排放量将更加惊人。假设其使用寿命为2年，寿命期内洗涤92次，每次洗涤后熨烫2分钟，以上过程预计耗电约200度[①]。若这部分电能是通过燃烧煤炭转换而来，则会排放二氧化碳约47千克。

一般情况下，每个人每年都会新增一定数量的衣服。T恤和衬衣方面，假设每年新增4件纯棉T恤、4件纯棉衬衣，质量均以250克/件计量，按照以上数据计算可知8件纯棉衣服的二氧化碳排放量约为56千克；裤子和外套方面，假设每年新增2条400克的涤纶长裤、1件500克的化纤外套，总的二氧化碳排放量约为153千克。另外，每年可能还会新增一些皮革、羊毛、羽绒等其他材质衣服，由此计算，每人每年新增衣服的二氧化碳排放量至少超过800千克。

表2.1是我国常见衣物产品的二氧化碳排放量。表中数据为单位质量产品原材料栽培、生产、纺织等上游各环节温室气体排放量，折算为二氧化碳排放量，称为二氧化碳当量。表中数据不包含使用及废物处理等下游环节的二氧化碳排放量，因此与上文数据略有差异。

[①]1度电即1千瓦时。

表2.1　中国衣物产品上游环节二氧化碳排放量

衣物种类	上游各环节排放量	总排放量	排放单位
亚麻纤维织物	亚麻栽培：7.58；纺织：8.66；其他：5.39	21.63	吨二氧化碳当量/吨
涤纶纺织品	原材料生产：2.2048；生产：6.9611；染整：16.577	25.70	吨二氧化碳当量/吨
香云纱面料	原材料生产：14.0；制造：4.5；配送：0.2	18.70	吨二氧化碳当量/吨
纺纱原材料		3.16	吨二氧化碳当量/吨
高支纯毛面料	条染：4.54，纺纱：7.78，织造：0.22，后整理：7.03，包装：0.75	20.32	吨二氧化碳当量/吨
70支蓝色纯毛哔叽	条染：4.55，纺纱：7.98，织造：0.167，后整理：10.79，包装：0.125	23.61	吨二氧化碳当量/吨
80支灰色纯毛哔叽	条染：4.34，纺纱：7.46，织造：0.143，后整理：9.11，包装：0.11	21.16	吨二氧化碳当量/吨
90支黑色纯毛哔叽	条染：4.72，纺纱：7.89，织造：0.578，后整理：9.46，包装：0.115	22.76	吨二氧化碳当量/吨
羊毛布条	农业：1.66，加工：0.47，运输：0.10	2.23	吨二氧化碳当量/吨
牛仔制品平均	织造：6.58；缝纫：1.31	12.21	千克二氧化碳当量/件
牛仔上衣	织造：6.58；缝纫：0.95；切割：0.47	8.00	千克二氧化碳当量/件
牛仔裤	织造：6.58 缝制：1.67；洗水：7.55；包装0.622	16.42	千克二氧化碳当量/件
棉质服装平均		18.12	吨二氧化碳当量/吨
白色棉服	原材料：11.37；运输棉花：0.012；生产：19.55	30.93	吨二氧化碳当量/吨
棉透气外套	原材料：2.2；生产：3.8；运输：0.25；配送：1；分类：0.2；包装：1.1	8.55	吨二氧化碳当量/吨
染色棉服	原材料：11.37；运输棉花：0.012；生产：17.25	28.63	吨二氧化碳当量/吨
棉T恤	原材料：11.382，缝制，0.466；熨烫：0.544；其他：0.326	12.72	吨二氧化碳当量/吨
棉polo衫	原材料：11.382，缝制：1.68；熨烫：0.64；其他：0.648	14.35	吨二氧化碳当量/吨

衣物种类	上游各环节排放量	总排放量	排放单位
莫代尔家居服平均		4.34	千克二氧化碳当量/件
莫代尔彩色睡衣		5.34	千克二氧化碳当量/件
莫代尔彩色睡裙		3.33	千克二氧化碳当量/件
夹克衫平均		9.13	千克二氧化碳当量/件
纯棉夹克衫	原料生产：3.183；原料运输：0.003；工业生产：4.988	8.17	千克二氧化碳当量/件
红色腈纶童夹克衫	原材料：5.468；生产：2.2；运输：0.16；包装：0.2；分类：2.05	10.08	千克二氧化碳当量/件
羽绒制品平均		7.91	千克二氧化碳当量/千克充绒量
羽绒被（充绒量1.4千克）	羽绒：1.2594；布料生产：6.0259；布料运输：0.0449；生产加工：0.2427	7.57	千克二氧化碳当量/件
羽绒枕头（充绒量0.8千克）	羽绒：0.7197；布料生产：0.4585；运输：0.0017；生产加工：0.1089	1.29	千克二氧化碳当量/件
羽绒服（充绒量0.2千克）		3.34	千克二氧化碳当量/件
鞋平均		7.47	千克二氧化碳当量/双
皮鞋	原材料牛皮：1.72；制革1.68；运输0.9；填埋0.1	4.30	千克二氧化碳当量/双
人造皮革鞋		3.41	千克二氧化碳当量/双
普通球鞋		12.20	千克二氧化碳当量/双
梭织运动鞋	原材料：5.7；制造：1.1	6.80	千克二氧化碳当量/双
帽子	原材料：11.382，缝制，0.466；其他：0.326	12.17	吨二氧化碳当量/吨
手套	原料：11.54；生产：5.77	17.31	吨二氧化碳当量/吨
泳衣	原料：4.29；生产：4.29	8.58	吨二氧化碳当量/吨
围巾	原料：8.16；生产：5.1	13.26	吨二氧化碳当量/吨
领带	原料：8.16；生产：5.1	13.26	吨二氧化碳当量/吨

数据来源：中国城市温室气体工作组，2022

2.1.2 碳减排与衣

通过分析以上数据发现，衣物在各环节都会有大量的二氧化碳排放。因此，从个人衣物方面减少碳排放量具有很强的现实意义。可以通过"低碳着装"促进二氧化碳减排。"低碳着装"包括选择环保面料、减少机洗及熨烫、选择手洗、少添新衣等行为。

（1）选择低碳环保型衣物

选择低碳环保型衣物，需要从面料、颜色、洗涤方式等方面入手进行选择。

面料方面，选择天然材料制成的面料，而不是化纤面料和动物毛皮等。

颜色方面，选择较少依赖后期加工着色的颜色及图案。可以选择白色、浅色、无印花等本色的服装，这一类服装较少使用化学试剂，更加环保。

洗涤方面，避免选择要求干洗、熨烫的服装，更多地选择洗涤简单、方便的服装。

有些衣服标记了"衣年轮"，它由很多个同心圆组成，尽量选择"衣年轮"圆环数量多、最外侧圆较小的服装。圆环数量越多，代表服装的使用年限越长。最外侧圆越小，代表总的二氧化碳排放量越小。

（2）选择环保面料，拒绝皮草

市面上环保性较好的面料包括彩棉、天丝等。彩棉因其具有天然的色彩，在后期制作过程中减少了印染环节，也就相应减少了更多的污染及二氧化碳排放量。天丝的原料是树木纤维，其制作成的衣服，在土壤中能被完全降解，环保性极佳。

2022年北京冬奥会，美国代表队队服采用了一种新型加热材料，不需要使用额外的能源，而是通过智能型蜂巢状织物作为内层材料实现服装的温度控制。该材料可根据温度变化膨胀或收缩，自动调节冷暖。此类材料的选择与使用，降低了衣物消耗量，无疑会增强低碳环保效果。

在选择面料时，要坚决拒绝皮草。一方面，皮草形成过程包含了动物饲养、皮草制作等，这些环节会产生大量的能源消耗，也会排放大量的二氧化碳；另一方面，生产皮草可能是以动物生命为代价，过度追求皮草，将导致生态失衡，不利于环保。

（3）少买新衣

选择自己真正需要的衣物，避免购买不必要的新衣，是公众节能减排的重要一步。购买新衣时，建议遵循以下原则：第一，明确个人需求，选购与自身肤色和气质搭配协调的衣物；第二，选购既耐穿又耐看的经典款式，同时兼顾潮流元素，不盲目跟风；第三，多选易于搭配的基础色服装，如白色、黑色、米色等，可以配合其他饰品建立自己独有的着装风格；第四，充分利用已有衣物进行搭配，丰富自己的审美。

（4）适当减少洗涤次数

根据研究，衣服的洗涤、烘干、熨烫等使用过程是碳排放的主要来源，占据一件衣服碳排放总量的76%，其中洗涤过程的碳排放占比最大。因此要减少衣服的碳排放量应从减少衣服的洗涤次数开始。具体做法是：如果每天的活动量不大，衣服不脏不用每天都洗，尤其是大件的衣服，可以将前一天穿过的衣服翻面后用衣架晾在通风处，过两天再重复穿一次。这样轮换着穿衣可以积累衣服的洗涤量，尤其是洗衣机都有额定的洗衣量，这样做既省水还省电。衣服在洗涤前先用洗衣粉（液）浸泡一段时间，分类清洗，这样不但能节省洗衣粉（液），还能减少衣服的清洗次数。

（5）尽量选择手洗

洗涤过程中要做到低碳，可以从机洗改为手洗，机洗过程耗电且费水。选择手洗，是一种低碳环保的生活习惯，还可以让衣服保持衣形良好。有学者研究，用手洗代替机洗，每一次可以减排约0.26千克二氧化碳。假设全国所有的洗衣机每月少用一次，一年就可减排约55万吨二氧化碳。在日常生活中，衣物应尽量选择手洗，尤其是以下情况：第一，衣物数量比较少，而且比较干净，例如夏天每日更换的衣物；第二，质地柔软，容易变形的衣物，例如纯棉类、丝绸类；第三，衣物厚重、数量多且比较脏，可以先浸泡手洗，再放入洗衣机中清洗；第四，衣物手洗完，除非特殊情况，应尽量让其自然晾干，不用脱水。

尽量不选择干洗，干洗不但耗电、耗水，还对健康和环境存在威胁。首先，以当前常用的普通简易干洗机为例，单次洗涤耗电约20度，折合二氧化碳排放量约为15.7千克，同时耗水约600千克。其次，干洗过程大多数以四氯乙烯为溶剂，该物质为有毒化工产品，干洗后难免会在衣物上残留从而对身体造成伤害，干洗时还会排放有毒污水以及向空气散发有毒气体。

需要指出的是，很多人习惯把羽绒服送去干洗，其实这是错误的观念，干洗羽绒服不仅耗电量大、成本高，还有损羽绒服的保暖性。相反，手洗羽绒服不但效果好，而且环保。具体做法：先将羽绒服放入冷水中浸泡20分钟，让羽绒服内外充分湿润，同时将中性洗涤剂溶入温水中。如果一定要用洗衣粉清洗，则浓度不宜过高，通常两盆水放入4~5汤匙洗衣粉为宜，并在漂洗的过程中加入两勺醋，这样可以中和洗衣粉的碱性；然后将羽绒服挤去水后放入溶液中浸泡一刻钟，再用软毛刷轻轻刷洗，尤其是领口和袖口部位要反复刷洗；另外，漂洗过程建议采用温水，不但能使洗涤溶剂更易溶解，还能使羽绒服保持蓬松柔软；洗涤结束后，一定不要用力拧干，而是慢慢挤出水分，再进行平铺或挂起晾干，切忌暴晒和熨烫羽绒服，晾干后可采用轻轻拍打的方式使其恢复蓬松和柔软。

（6）租赁衣物

租赁衣物，主要针对穿着次数非常少的服装，比如婚纱、演出服、晚礼服等。如果将每年1/5的衣物购买改成租赁，那么生产过程的原材料消耗及二氧化碳排放量将大大减少。

（7）婴幼儿多用传统尿布，少用尿不湿

以前的婴儿都用尿布，尿布大多是用旧被单、旧衣服制作，而且可以重复使用；现在的婴儿大多使用尿不湿，一次性尿不湿的使用，除了产生大量垃圾，消耗的木材也十分惊人。如果随意丢弃尿不湿，其自然降解约需300年的时间。因此，应尽量减少一次性尿不湿的使用，比如白天在家时，可以给婴儿用尿布，并且多准备几条，随时换洗，既方便又干爽，还能有效保护婴儿的娇嫩肌肤。外出和晚上睡觉时再使用尿不湿，这样就能减少尿不湿的使用量，也就意味着减少碳排放。同时，应尽量选用以节能环保材料制作的尿不湿。

（8）旧衣翻新

旧衣翻新，是处理废旧衣物的最佳方式之一。翻新不仅延长了衣物的使用期，减缓其闲置及被作为垃圾焚烧的时间，更重要的是减少了购置新衣的次数。毋庸置疑，大大减少了二氧化碳排放量。旧衣翻新，不但是一种环保行为，而且也成为一种时尚潮流。图2.1所示为学生在改造旧衣。

图2.1　重庆市璧山中学学生在服装工作坊兴趣社团改造旧衣
图片来源：郭天宠和彭训文，2022

（9）旧衣利用

旧衣利用是将无法继续使用的衣物，通过改造、剪裁、缝纫等方式，变成其他生活用品，例如将废旧衣物改造成抹布、布袋、拖布等。旧衣利用与旧衣翻新有着异曲同工之妙，均能减缓新物品的开发与替代，减少二氧化碳排放量。

（10）捐赠他人

将闲置衣物捐赠给贫困地区或其他有需要的人，既是一种公益行为，也是一种环保行为。捐赠衣物，变相地增加了衣物的使用次数，减少了新衣的购置量，从而达到减少个人碳排放的目的。

除捐赠之外，还有不同年龄阶段的衣物重复利用。比如，哥哥姐姐的旧衣物可以给弟弟妹妹继续使用。从健康和环保的角度来看，孩子的衣物不一定要买新的，可以穿亲戚、朋友家孩子闲置的衣物，特别是2岁以下宝宝的贴身衣服。因为新衣服往往含有化学物质，可能影响孩子的健康。而旧衣物经过多次洗涤，化学物质会大大减少，也会柔软很多，宝宝穿起来更舒服。

（11）延长衣物的寿命

延长衣物寿命即延长其使用年限，同样有助于降低碳排放量。很多人都有过这样的经验，好好的衣服收藏在柜子里，结果第二年想穿的时候发现已经旧了，一件衣服就这样浪费了。其实我们完全可以采用一些方法，来延长衣物的寿命：

第一步，做好清洁工作。收纳前，先清洗干净衣物，确保其干燥、整洁。

第二步，清洗衣物可在水中加点醋。加醋的原因在于，可以去除清洗过程中残留的洗衣粉。

第三步，在衣箱的底部可以放一些报纸。放报纸的原因在于，利用报纸的油墨味可以起到驱虫的作用，当然还可以放一些樟脑丸。

第四步，充分晾晒。在存放过程中，随着季节变更，可以适时取出晾晒，不但可以使衣物干燥，还能起到杀菌作用。

第五步，做好储藏。为防止虫蛀，同时又防止樟脑丸及卫生球对衣物造成损伤，建议用小布袋装好樟脑丸或卫生球，然后再将其放在衣柜四周或吊挂在衣柜内部。

只要按以上方法进行操作，既可以延长衣物的寿命，又能让穿着更健康，一举两得。

2.2 双碳与食

2.2.1 碳排放与食

每年全球食品生产行业排放的二氧化碳大约为173.18亿吨，其中动物性食品所占的比例为57%，植物性食品所占比例为29%。食品的碳排放主要源于食品的生产及浪费。

食物从生产到走向餐桌，是一段漫长的旅程。食品的生产、包装、运输、储存、加工等过程所排放的二氧化碳总量，远远超出我们的想象。下面对碳排放量最高的10种食物进行简要介绍。

（1）牛肉

每生产1千克牛肉，二氧化碳排放量约为26.5千克，是鸡肉的5倍。美国自然资源保护委员会认为，它是"对气候影响最大的食物"，是碳排放量最高的食物。生产牛饲料需要使用农药和化肥，这需要消耗大量煤、石油等化石燃料；牛的消化系统会产生温室气体——甲烷，其温室效应是二氧化碳的25倍；牛的粪便分解也会释放温室气体……据统计，畜牧业产生的二氧化碳排放量占全球温室气体排放量的14.5%，其中牛占65%。

（2）羊肉

每生产1千克羊肉，二氧化碳排放量约为22.9千克。养殖羊需要消耗大量大豆，而种植大豆的肥料会产生温室效应强度超过二氧化碳298倍的一氧化二氮。

（3）黄油

每生产1千克黄油，二氧化碳排放量约为12千克。黄油的碳排放量超过其他所有的乳制品，其生产过程的分离、冷冻、发酵、搅拌等环节都伴随着二氧化碳的排放。

（4）贝类

每生产1千克贝类，二氧化碳排放量约为11.7千克。贝类是餐桌上常见的食物，每年消耗量巨大，相对应的二氧化碳排放量也是相当巨大的。

（5）奶酪

每生产1千克奶酪，二氧化碳排放量约为9.8千克。如果还要经过远程冷藏运输，其排放量将会更大。

（6）芦笋

每生产1千克芦笋，二氧化碳排放量约为8.9千克。芦笋产生二氧化碳的主要来源在于空运。由于大多都是跨国运输，造成其二氧化碳排放量比普通食物运输的排放量要大得多。

（7）猪肉

每生产1千克猪肉，二氧化碳排放量约为7.9千克。跟牛羊肉一样，其二氧化碳排放来源主要为养殖、生产、运输等各个环节。

（8）小牛肉

每千克小牛肉的碳排放量为7.8千克。因屠宰年龄较小，小牛肉的碳排放量较牛肉要少。

（9）鸡肉

每生产1千克鸡肉产生二氧化碳刚刚超过5千克。

（10）火鸡

每生产1千克火鸡产生二氧化碳约5千克。火鸡的碳足迹[1]与鸡肉相同。

表2.2是常见食物的二氧化碳排放量。表中数据为单位质量产品原材料生产、加工、运输等上游环节温室气体排放量，不包含使用及废物处理等下游环节的二氧化碳排放量，因此与上文数据略有差异。

表2.2 食品上游环节二氧化碳排放量

单位：吨二氧化碳当量/吨

食物种类	地区	上游各环节排放量	总排放量
高粱	中国	生产：0.145；存储研磨：0.1；运输：0.234；加工打包：0.1	0.58
大麦	中国		0.87
大麦	中国东部沿海地区	生产：0.63；存储研磨：0.1；运输：0.234；加工打包：0.1	1.06
小麦	全球平均	生产：0.391；存储研磨：0.1；运输：0.234；加工打包：0.1	0.83
大豆	中国东北地区	生产：0.37；存储研磨：0.1；运输：0.234；加工打包：0.1	0.80

---

[1]碳足迹概念：英文为Carbon Footprint，是指企业机构、活动、产品或个人通过交通运输、食品生产和消费以及各类生产过程等引起的温室气体排放的集合。

食物种类	地区	上游各环节排放量	总排放量
玉米	国内外部分研究均值		0.50
芝麻	中国		0.88
花生	中国		0.99
大米	中国	生产：0.94；存储研磨：0.1；运输：0.234 加工打包：0.1	1.37
糖类作物	中国	生产：0.062；存储研磨：0.1；运输：0.234 加工打包：0.1	0.50
面粉	中国华北地区	生产：0.9；存储研磨：0.1；运输：0.234 加工打包：0.1	1.33
豆腐	美国		0.98
豆奶	美国		0.48
笋类	国内外部分研究均值		0.83
甘蓝类	国内外部分研究均值		0.23
叶菜类	国内外部分研究均值		0.18
豆荚类	国内外部分研究均值		0.31
黄瓜	国内外部分研究均值		0.23
温室黄瓜	中国	生产：0.19；运输：0.039	0.23
胡萝卜	国内外部分研究均值		0.20
胡萝卜	中国	生产：0.06；运输：0.039	0.10
淀粉根	中国	生产：0.195；运输：0.039	0.23
姜	国内外部分研究均值		0.88
甜菜根	国内外部分研究均值		0.18
茄子	国内外部分研究均值		1.35
露地茄子	中国	生产：0.18；运输：0.039	0.22
温室茄子	中国	生产：0.25；运输：0.039	0.29
番茄	国内外部分研究均值		0.45
温室番茄	中国新疆维吾尔自治区	生产：0.771；运输：0.039	0.81

续表

食物种类	地区	上游各环节排放量	总排放量
塑料大棚番茄	中国新疆维吾尔自治区	生产：0.192；运输：0.039	0.23
马铃薯	中国	生产：0.267；运输：0.039	0.31
辣椒	国内外部分研究均值		0.45
菌类	国内外部分研究均值		0.27
苹果	国内外部分研究均值		0.29
苹果	中国	生产：0.24；运输：0.039	0.28
梨	国内外部分研究均值		0.31
梨	中国	生产：0.18；运输：0.039	0.22
梨	中国北京市、辽宁省	生产：0.22；运输：0.039	0.26
桃、杏、李	国内外部分研究均值		0.45
桃	中国	生产：0.37；运输：0.039	0.41
草莓	国内外部分研究均值		0.58
草莓（加热温室）	国内外部分研究均值		1.64
草莓（塑料大棚）	中国福建省	生产：0.221；运输：0.039	0.26
荔枝	中国广东省	生产：0.221；运输：0.039；加工打包：0.231	0.49
柑橘、橙	国内外部分研究均值		0.33
柑橘	中国	生产：0.14；运输：0.039	0.18
葡萄	国内外部分研究均值		0.37
葡萄（塑料大棚）	中国新疆维吾尔自治区	生产：0.192；运输：0.039	0.23
香蕉	国内外部分研究均值		0.72
香蕉	中国	生产：0.27；运输：0.039	0.31
菠萝	国内外部分研究均值		0.45
枣	国内外部分研究均值		0.32
樱桃	国内外部分研究均值		0.39
西瓜	国内外部分研究均值		0.32

食物种类	地区	上游各环节排放量	总排放量
哈密瓜	国内外部分研究均值		0.42
香瓜	国内外部分研究均值		0.30
甘蔗	中国	生产：0.021；运输：0.039	0.06
椰子	国内外部分研究均值		0.45
木瓜	国内外部分研究均值		0.30
石榴	国内外部分研究均值		0.28
橄榄	国内外部分研究均值		0.63
猕猴桃	国内外部分研究均值		0.36
牛肉	英国	占比：肠道发酵66.1%，粪便处理17.2%，牧场管理15.2%，外在投入0.7%，屠宰0.5%，运输0.3%	33.85
牛肉	巴西		45.17
牛肉	中国	占比：肠道发酵61.1%，粪便管理13.0%，饲料24.2%，其他投入品1.7%	21.71
牛肉	美国	直接排放+间接排放	15.23
羊肉	中国	占比：肠道发酵72.8%，粪便管理15.3%，饲料6.4%，其他投入品5.5%	20.82
猪肉	中国	占比：肠道发酵7.7%，粪便管理46.6%，饲料33.3%，其他投入品12.4%	2.89
猪肉（家庭饲养）	中国四川省		5.42
猪肉（规模饲养）	中国四川省		4.29
鸡肉（家庭散养）	中国四川省		20.02
鸡肉（规模饲养）	中国四川省		7.86
鸡肉	中国		13.94
鸡蛋（家庭饲养）	中国四川省		3.70
鸡蛋（规模饲养）	中国四川省		3.46
鸡蛋	中国		3.58

续表

食物种类	地区	上游各环节排放量	总排放量
碳酸饮料	中国香港		260.00
瓶装饮用水	中国		0.17
啤酒	中国		0.24
青茶	中国浙江省		6.60
红茶	中国台湾地区		7.04
黑茶	中国浙江省		11.90
大豆油	泰国	大豆生产0.67，豆油生产0.241	0.91
花生油	阿根廷	从农田生产到最终产品，其中农田生产环节0.237	0.40
棕榈油	世界平均	农田生产阶段3.259，研磨和炼油阶段0.983	4.24
菜籽油	世界平均	油菜籽种植2.247，研磨和炼油阶段0.369	2.62
葵花籽油	世界平均	作物种植阶段1.968，研磨和炼油阶段0.22	2.19
枸杞	中国宁夏回族自治区	生产：1.001；运输：0.565；加工打包：0.658	2.22

数据来源：中国城市温室气体工作组，2022

　　食物浪费也是导致碳排放量增加，加剧气候变化的一大因素。据研究，如果将全世界浪费的食物组成一个国家的话，那将会是"世界第三大温室气体排放国"。每年大约有三分之一以上的食物被损耗和浪费。食物损耗是食品在收获、运输、加工以及储存过程中造成的食物量减少；食物浪费则是指在销售或消费后丢弃掉具有食用价值的食品。前者约占浪费总量的63%，后者约为37%。而两者的背后则是约44亿吨的二氧化碳排放。如果按照各国的碳排放量来衡量的话，那么"食物浪费国"完全能排到全球第三。

　　我国每年的粮食浪费约占全国粮食总产量的6%，达到惊人的3500万吨。据调查，大型聚会中食物浪费率达到38%，学生盒饭浪费率达到33%，我国人均食物浪费率为11.7%。食物浪费相应会增加二氧化碳排放量，加重我国减排负担。习近平总书记指出，餐饮浪费现象，触目惊心、令人痛心！对此我们应该从自身做起，厉行节约、反对浪费，开展"光盘行动"，弘扬中华民族传统美德（图2.2）。

图2.2　杜绝餐饮浪费

图片来源：人民网，2022

2.2.2　碳减排与食

通过食品选择、形成饮食习惯等营造绿色健康的饮食文化，可达到控制碳排放量的目的。

（1）减少食物浪费，吃不了"兜"着走

外出就餐时适量点菜，吃不完的剩菜尽量打包，不要铺张浪费。在珍惜食物的同时，还能节省烹调食物所耗费的能源。据统计，以水稻为例，每人减少浪费0.5千克的粮食，相应将减少约0.47千克二氧化碳排放量。以此推算，若全国每人每年节约粮食0.5千克，那么将减少约66.4万吨二氧化碳排放量。

（2）多吃素，少吃肉

在保证营养均衡的情况下，多吃素，少吃肉。食物里，生产肉类食物排放的二氧化碳最多，水果和蔬菜的二氧化碳排放量则相对较少，并且其生产周期比肉类短很多。若每人每周少吃1千克猪肉，转而食用蔬菜的话，则减少约0.7千克二氧化碳排放量，每年减少约36.4千克二氧化碳排放量。此外，水果可以直接食用，而蔬菜相对于肉类来说，烹饪方式简单且烹饪时间较短，因此减少了一部分二氧化碳排放。据统计，如果以吃素为主，则可以将制造食物所释放的二氧化碳量降为原本的1/7，如果完全吃有机食物，二氧化碳排放量则为肉食者的1/17。

（3）选择本地和当季蔬果，减少"食物里程"

"食物里程"指食物从生产地到嘴里的距离，距离越远，能源消耗就越多，相应二氧化碳排放量就越多。比如，生产1千克本地水果和1千克外地水果相比，前者排放的二氧化碳约0.7千克，后者排放约3.3千克，外地水果碳排放量相当于本地水果碳排放量的4~5倍。此外，相对外地水果而言，本地水果往往会更健康。因为外地水果会经过长途运输，所以采摘的时间比本地水果要早，并且在运输过程中也会造成一部分的营养损失，同时为了保鲜，难免会采用更多保鲜剂。

从碳排放量的角度来看，当季果蔬更健康环保。例如，生产1千克当季果蔬的二氧化碳排放量约为0.7千克，而生产1千克温室果蔬的二氧化碳排放量约为6.6千克。

（4）选择天然食物，减少加工环节

天然食物就是指加工环节少、人工添加剂少的食物。比如，苹果代替苹果汁，马铃薯代替薯片。食用天然食物，可以直接获取大量的营养成分，而且能减少加工、包装、运输和储存过程的能量损耗，在收获健康的同时还降低了二氧化碳排放量。

食物加工越精细就意味着加入了越多的食品添加剂，含添加剂的食物碳排放量大于天然食物。比如食用色素，本身只是给食物添加颜色使其好看，并不能带给人体营养，长期食用可能有害健康。

（5）少喝瓶装饮料，多喝白开水

瓶装水的生产和消费，会造成大量的能源浪费和环境破坏，产生大量的二氧化碳。例如，瓶装水的塑料瓶，其制作原料是从石油中提炼的。在美国，每年用于制取塑料瓶的原油量相当于10万辆汽车一年的用油量。而且塑料瓶的回收率很低，大部分的空瓶都成为垃圾而造成环境污染。如果对塑料瓶进行焚烧，焚烧过程中会产生氯气以及含有重金属的有毒物质；如果对其进行填埋，塑料瓶属于非降解性材料，约需1000年才能完全降解。此外，在食品包装材料中常见的易拉罐是生产过程中排放二氧化碳最多的，因为制作易拉罐需要铝材料，其炼制过程会消耗大量的煤和电能。与之相反，采取软包装的话，不管是制作还是后期处理都将更加低碳。

只要水质有保障，白开水是很好的选择。经过高温煮沸的自来水，不仅杀灭了细菌，还保留了对人体有用的矿物质，既节省开支、节约能源，又减少污染、保护环境。

（6）选择大包装食品，减少使用塑料包装

为了减少食品包装造成的垃圾，在确定不会浪费的情况下，可以购买大包装的食材。例如纯牛奶，如果家里有冰箱的话，不妨购买家庭装的，既不会变质，又节省了包装量。选择大包装，可以降低食品运送到商店的次数和消费者到商店的次数。相反，如果经常因为食物分量过多而将其丢掉，那就要选择分量适当而非大包装的食品。

食品包装不可避免，但要尽量做到回收利用。如酱油瓶、罐头、牛奶瓶等应当有意识地收集起来，卖给废品回收站。而零食袋、从商场带回来的塑料袋等，可以选择合适的作为垃圾袋使用，既减少清洁垃圾桶的次数，又减少垃圾袋的使用数量。

（7）节制烟酒

节制烟酒，不但有益身体，还能降低碳排放量。若每人每月少喝1瓶啤酒，全国每年就可以减少约78万吨的二氧化碳排放量。若每人每年少喝0.5千克白酒，可以减少约1千克二氧化碳排放量，若全国约2亿"酒民"每人每年少喝0.5千克，每年就可以减少约20万吨的二氧化碳排放量。若全国约3.5亿烟民每人每天少抽一支烟，每年可减少约13万吨的二氧化碳排放量。

2.3 双碳与住

2.3.1 碳排放与住

据统计，日常生活中单个家庭每天排放的二氧化碳主要源于以下方面：

①人体。人体因为呼吸作用，每人每天产生约1.14千克二氧化碳。

②暖气。家庭使用电暖气平均每年排放约600千克二氧化碳。以天然气作为燃料的家用暖气平均每年排放约1900千克二氧化碳，采用煤油作为燃料的家用暖气平均每年的二氧化碳排放量约为2400千克。

③计算机。家庭计算机包括桌面计算机、笔记本计算机等，单台设备平均每年产生约10.5千克二氧化碳。

④卤素灯泡。家庭中一个卤素灯泡每年间接二氧化碳排放量约10.8千克。

⑤洗衣机。一台洗衣机每年间接二氧化碳排放量约7.75千克。

⑥冰箱。一台电冰箱每年间接二氧化碳排放量约6.3千克。

事实上，家庭用电、用气、用水，都会排放二氧化碳，每消耗1度电，大约排放二氧化碳0.785千克；每消耗1立方米天然气，大约排放二氧化碳1.9千克；每消耗1吨水，大约排放二氧化碳0.91千克。

从我们居住的整体环境和场所来看，建筑物是全球温室气体排放的重要来源。来自建筑物内外的照明、采暖制冷等设备运行所需的能源占到全球能源消耗的40%左右。这些能耗对应产生的二氧化碳排放量相当于全球二氧化碳排放总量的21%。建筑领域作为我国碳排放的重点领域，实现建筑领域碳达峰与碳中和具有非常重要的意义，也面临着巨大的挑战。

2.3.2 碳减排与住

我们在建筑装修和日常生活居住中，应该注意以下节能减排的细节。

（1）减少装修铝材使用量

铝是能耗最大的金属冶炼产品之一，在建筑和装修中尽可能减少铝材的使用。每减少1千克铝材的使用，可减排约24.7千克二氧化碳。假设每年全国有三千万户家庭各减少1千克铝材的使用，则全国每年可减少约74.1万吨二氧化碳排放量。

（2）减少装修钢材使用量

钢材是主要的建筑和装修材料之一。钢材的生产是钢铁行业耗能排碳的主要来源。我们可采用装配式建筑技术或采用代替材料以减少钢材使用。根据统计，减少1千克钢材使用量，可减少约1.9千克二氧化碳排放量。以全国每年三千万户家庭采取以上措施进行统计，每年可减少约5.7万吨二氧化碳排放量。

（3）减少装修木材使用量

在装修过程中，减少木材使用，意味着保护了森林，更多的森林植物可以吸收更多的二氧化碳。另外，木材加工和运输过程必然消耗能源，减少木材的使用直接减少了木材的加工和运输，从而降低了能源消耗。在装修中，每减少使用0.1立方米木材，可相应减少约64.3千克二氧化碳排放量。假设每年三千万户家庭按照这个标准实施，全国每年可实现二氧化碳减排约193.5万吨。

（4）使用节能砖

节能砖与黏土砖在制作工艺上不同，与黏土砖相比，节能砖的制作更加节能、节土。从使用上来看，节能砖比黏土砖具有更好的冷热空气隔离效果，实现室内冬暖夏凉，可减少空调的使用，从而达到节能减排目的。据统计，使用节能砖建1座住宅可相应减少约14.8吨二氧化碳排放量。假设每年有10%的新建房屋使用节能砖，那么全国每年可减少约2212万吨二氧化碳排放量。

（5）采用太阳能供暖

太阳能是重要的清洁能源，是家庭住宅尤其是农村住宅重要的能源供应源。据统计，如果一座农村住宅使用被动式太阳能供暖，每年可减少约2.1吨二氧化碳排放量。如果我国农村每年有10%的新建房屋使用被动式太阳能供暖，每年可减少约308.4万吨二氧化碳排放量。如图2.3所示为青海玉树藏族自治州囊谦县白扎乡光伏电站。

图2.3　青海玉树藏族自治州囊谦县白扎乡光伏电站

图片来源：新华社，2004

（6）家庭照明改用节能灯

在选择家用灯具时，用以LED灯为主的高品质节能灯代替以白炽灯为主的传统照明灯具，不仅可以减少家庭的耗电量，更能提高灯泡的电力使用效率，提升照明效果。如果选用11瓦的节能灯代替60瓦的白炽灯，按照每天照明4个小时计算，1只节能灯每年可节省约71.5度电，可相应减少约56.1千克二氧化碳排放量。假设全国范围内将1亿只白炽灯泡更换为节能灯，那么每年可节省约71.5亿度电，相应减少约561万吨二氧化碳排放量。

（7）合理使用空调

1）夏季空调温度在国家提倡的基础上适当调高

在居住环境中，空调是使用频率较大、耗电量较多的电器。根据空调工作原理，空调温度设定得越低，消耗电能也就越多。夏季适当调高空调温度，并不影响舒适度，还可以节能减排。国家提倡的家用和办公空调温度为26℃，如果冬天我们将空调在此基础上调低1℃，夏天在此基础上调高1℃，则每年可节约用电22度，相应减少约16.5千克二氧化碳排放量。假设全国有2亿台空调实施以上措施，则可节省约44亿度电，每年减少约332.8万吨二氧化碳排放量。

2）选用节能空调

节能空调因其采用先进技术，依靠蒸发吸收空气中的热量达到冷却目的，从而实现节能。一台普通空调每小时比节能空调多消耗0.24度电，按每年使用100小时计算，一台节能空调每年保守估计可节约24度电，换算过来相应减少约18.8千克二氧化碳排放量。假设全国有10%的家庭选用节能空调，那么每年可节约3.6亿度电，相应减少约28.6万吨二氧化碳排放量。

3）出门提前几分钟关空调

一般来说，关闭空调后房间里的温度并不会立刻升高或降低。所以，建议在出门前3分钟关闭空调，既不影响人体的舒适度，又可以达到节能减排目的。按此操作，一台普通家用空调平均每年可至少节约5度电，相应减少约3.9千克二氧化碳排放量。假设全国有2亿台空调均按此操作，则每年可节省约10亿度电，减少约78.5万吨二氧化碳排放量。

2.4 双碳与行

2.4.1 碳排放与行

交通行业是碳排放的主要来源之一，占全国总碳排放量的10%左右，其中道路交通在交通全行业碳排放中的占比约为80%。在大城市中，私家车碳排放强度最高，以深圳为例，私家车占城市客运交通碳排放量的80%以上。

据统计，一位北京市民每天出行里程大约为22公里，若驾驶小汽车出行会造成约5.98千克的二氧化碳排放量，而地铁出行却只有约1.35千克的二氧化碳排放，相比之下可减少约4.63千克二氧化碳排放量。若以每月22个工作日进行统计，采用公共交通出行，每人每年相应可减少约1.22吨二氧化碳排放量。

据统计，大排放量汽车在城市每行驶2万公里，可产生约2吨二氧化碳排放量。事实上，每消耗1升燃料，相应产生约2.5千克二氧化碳排放量。以北京市2020年数据统计为例，若将一半的私家车出行以步行或骑行等低碳出行方式替代，每年可减少约500万吨二氧化碳排放量。

表2.3是日常出行方式的二氧化碳排放量。表中排放量数据为使用相应出行工具下游各环节二氧化碳排放量。所有温室气体排放量折算为二氧化碳排放量，称为二氧化碳当量。表中数据不包括电力、运输和废弃物处理等，因此与上文数据略有差异。

表2.3　日常出行工具下游环节二氧化碳排放量

交通种类	下游排放量	排放单位
住宅电梯（载重1吨）	0.005	千克二氧化碳当量/层
自动扶梯	0.177	千克二氧化碳当量/层
道路交通（客运）平均	0.028	千克二氧化碳当量/（人·千米）
柴油公交车	0.015	千克二氧化碳当量/（人·千米）
电动公交车	0.009	千克二氧化碳当量/（人·千米）
天然气公交车	0.005	千克二氧化碳当量/（人·千米）
柴油出租车	0.045	千克二氧化碳当量/（人·千米）
汽油出租车	0.041	千克二氧化碳当量/（人·千米）
电动出租车	0.017	千克二氧化碳当量/（人·千米）
天然气出租车	0.016	千克二氧化碳当量/（人·千米）
柴油小客车	0.045	千克二氧化碳当量/（人·千米）
汽油小客车	0.041	千克二氧化碳当量/（人·千米）
摩托车	0.062	千克二氧化碳当量/（人·千米）
电动小客车	0.017	千克二氧化碳当量/（人·千米）
航空（客运）平均	0.088	千克二氧化碳当量/（人·千米）

交通种类	下游排放量	排放单位
超大型飞机	0.093	千克二氧化碳当量/（人·千米）
大型飞机	0.070	千克二氧化碳当量/（人·千米）
中型飞机	0.084	千克二氧化碳当量/（人·千米）
小型飞机	0.106	千克二氧化碳当量/（人·千米）
铁路（客运）平均	0.018	千克二氧化碳当量/（人·千米）
高铁	0.026	千克二氧化碳当量/（人·千米）
地铁	0.015	千克二氧化碳当量/（人·千米）
轻轨	0.014	千克二氧化碳当量/（人·千米）
水运（客运）平均	0.128	千克二氧化碳当量/（人·千米）
滚装客船	0.068	千克二氧化碳当量/（人·千米）
游轮	0.146	千克二氧化碳当量/（人·千米）

数据来源：中国城市温室气体工作组，2022

在全球范围内，交通排放的二氧化碳约占能源相关排放量的25%，若不采取有力减排措施，到2050年二氧化碳排放量将增长60%。全球积极推进二氧化碳减排，交通碳排放量却与日俱增。原因在于车辆行驶效率的提高，难以抵消更大的出行量所带来的碳排放。以美国为例，在2005年，交通相关的碳排放量达到峰值后下降并逐渐趋于稳定，2012年后又逐年上升。在2016年，交通运输行业成为美国温室气体排放的主要来源，并且首次超越了电力行业。

降低交通二氧化碳排放对于实现双碳目标是必要的，但也具有挑战性。

2.4.2 碳减排与行

公共交通是减少交通拥堵和碳排放的有力措施。我国推行的"一三五"绿色出行模式能有效避免交通拥堵和减少二氧化碳排放，即3公里以内步行，3~5公里以内骑行，5公里以上乘坐公共交通。若骑行或步行100公里，跟驾车相比可减少约20.1千克二氧化碳排放量。用乘坐公共交通来代替自驾100公里，可以减少大约16.7千克二氧化碳排放量。如果全国2000万家庭有意识地增加200公里的公共交通出行，每年可减少约74万吨二氧化碳排放量。

践行绿色低碳出行，具体来讲包括以下常见措施：

（1）选择公共交通工具，减少不必要的自驾

城市建设中推行"公交优先"原则。出行时选择公共交通工具，减少碳排放量的同时还充分利用了公共资源。对于那些家和工作地点离地铁站或公交站很近的人来说，选择公共交通有时更为快捷。大多数城市都设立了解决道路拥堵的公交专用通道，地铁更不会被道路拥堵所困扰。

适当减少不必要的自驾。若把自驾和其他绿色交通工具结合起来，将大大减少碳排放量。据统计，日本私家车拥有率高达80%，但出行方式并不只依靠小汽车。通常东京私家车的里程每年在3000～5000公里，而上海的私家车每年里程约18000公里。

（2）选择徒步、自行车或拼车

骑自行车或步行代替驾车出行100公里，可以节油约9升。若全国1248万辆的私家车主都有意识地选择骑自行车或步行，每年可以节省2.1亿升燃油，减少约46万吨二氧化碳排放量。共享单车及电单车是普通大众参与实现碳中和的重要途径。据统计，共享单车已经减少了约118.7万吨二氧化碳排放量，相当于减少了27万辆私家车一年所排放的二氧化碳。例如，截至2020年底，哈啰共享两轮出行所服务的全国用户累计骑行240亿公里，共减少约66.7万吨二氧化碳排放量。

少坐电梯，多走楼梯。走楼梯上下一层楼，相比乘电梯可减排约0.218千克二氧化碳。若较低楼层的住户改走楼梯以及多台电梯在休息时间只开启部分，可使电梯耗电量减少约10%，即每台电梯每年可节省约5000度的电量，相应减少约4.8吨二氧化碳排放量。若全国有60万台电梯采取以上措施，每年可节约电量30亿度，减少288万吨二氧化碳排放量。

拼车也有助于减少碳排放。2018—2020年，深圳的用户通过拼车节约了大概7600万公里的交通里程，相应减少约4851吨二氧化碳排放量，相当于深圳湾红树林海岸生态公园的"生物固碳量"。

（3）科学用车，有效控制碳排放量

注重汽车日常的清理保养，能使汽车的能效更好地发挥出来，能有效控

制碳排放量。轮胎气压过高或过低会增加行驶的油耗，车身如果有凹陷会增加行驶时的气流阻力，从而导致油耗增加，车身的一些装饰品也会增加空气阻力。因汽车车况不良而增加的碳排放可以通过定时保养来避免，应该及时更换空气滤清器和火花塞，清理汽油滤清器，否则堵塞会引起气量减少、汽油燃烧不充分而降低效率。采取定期更换空气滤清器、维持适中胎压、及时熄火等措施，每辆车每年可减少约180升的油耗，相应减少约400千克二氧化碳排放量。假如全国1248万辆私家车车主能有意识地每天减少3~5分钟的发动机空转时间，则10%的汽车状况能够得到改善，每年可以节省约6亿升燃料，相应减少约130万吨二氧化碳排放量。

减轻车上负载，将更有利于节能减排。超载行驶会增加汽车的油耗，尽可能地减少车载质量是节能减排的有效途径。按照许多人在后备箱放一箱矿泉水的习惯统计，1箱矿泉水质量约为13.2千克，小汽车行驶1公里负重1千克耗油量为0.00001升，如果按照每年行驶2万公里计算，一辆车少放1箱矿泉水，每年可减少约2.0724千克二氧化碳排放量。43.7万棵树一年能吸收800万千克二氧化碳，相当于全北京400万辆机动车后备箱多放一箱水所多排放的二氧化碳。因此，建议空闲时把汽车的后备箱整理一番，把其中不必要的杂物去掉，油耗会有显著的下降。

控制车速有利于减少二氧化碳排放量。一般小汽车的时速保持在80公里是最省油的，在这个速度上，每增加1公里的时速，就会多消耗0.5%的燃油。因此驾车时最好保持在中速状态。

杜绝"粗暴"驾驶。据测算，汽车急速起步每10次，便会浪费约120毫升的燃料。空踩油门10次，浪费燃料60毫升以上。当时速超过110公里时，许多汽车开窗的油耗甚至会超过开空调带来的油耗，可见高速行驶下风阻对汽车行驶影响很大。

（4）选购更环保的车辆

在挑选汽车的时候，除了汽车的性能、价格外，我们还应当加大对环保的考虑比重。

电动汽车的二氧化碳排放量比传统汽车少52%。假设电动汽车保有量占汽车总量的10%，则汽车行业将减少9%的二氧化碳排放量。部分地区已经开启低碳绿色出行模式，比如湖南省永州市道县为旅游资源丰富的贵头村、两河口村等村开通纯电动公交车（图2.4），方便村民和游客低碳出行。

图2.4　纯电动公交车行驶在道县梅花镇贵头村村口道路上

图片来源：齐志明和李茂颖，2022

混合动力车耗油量只占普通轿车的70%，每年可以减少约378升的燃料消耗，相应减少约832千克二氧化碳排放量。若全国汽车年销量的10%（约38.3万辆）为混合动力车，每年可减少约1.45亿升燃料消耗，减少约31.8万吨二氧化碳排放量。

汽车排量与油耗的关系十分密切。与排量为2.0升的汽车相比，排量为1.3升的汽车每年可少消耗294升燃油，相应减少647千克二氧化碳排放量。

（5）给汽车装贴隔热膜，降低车载空调负荷

夏天炎热，汽车上的空调给发动机增加了许多负担，不但油耗增加，二氧化碳排放量增大，发动机也会因为负荷过大而功率下降，缩短寿命。贴膜可以使车内温度降低5~10℃，有利于减少空调负荷及燃料消耗，减少碳排放量，延长车内空调的使用寿命。

2.5 双碳与用

2.5.1 碳排放与用

在日常生活中，通过对一些微小习惯的改变，就能够有效减少碳排放。比如，少开空调1小时，减排约0.621千克二氧化碳；少用1吨水，减排约0.91千克二氧化碳；少看1小时电视，减排约0.096千克二氧化碳；少用1小时电脑，减排约0.19千克二氧化碳；少用1小时洗衣机，减排约0.18千克二氧化碳；少用1千克洗衣粉，减排约0.72千克二氧化碳……

表2.4是生活中常用产品的二氧化碳排放量。由于不同产品在使用过程中的特征极其复杂，故没有完全统计使用该单位产品的温室气体排放量。

表2.4 部分产品二氧化碳排放量

种类	各环节排放量	总排放量	排放单位
R290家用空调	原料获取：78；制造：8.38；运输：2.78；使用中泄露：0.43，使用中电力消耗：2097.26；回收处置：1.07	89.16	千克二氧化碳当量/台
R32家用空调	原料获取：74.8；制造：8.38；运输：2.86；使用中泄露：157.95，使用中电力消耗：2097.26；回收处置：263.43	86.04	千克二氧化碳当量/台
微波炉	生产运输：160；使用（电力消耗）：300	160.00	千克二氧化碳当量/个
KF120-LC 热泵热水器	生产：62.36；使用（电力消耗）：3869；回收处置：72.14	62.36	千克二氧化碳当量/台
KF80-LC 热泵热水器	生产：75.02；使用（电力消耗）：5803.5；回收处置：80.83	75.02	千克二氧化碳当量/台
真空吸尘器	生产运输：45；使用（电力消耗）：280	45.00	千克二氧化碳当量/台
55英寸电视机	生产：30.08；使用（电力消耗）：2500	30.08	千克二氧化碳当量/台
塑料热水壶	生产运输：8；使用（电力消耗）319	8.00	千克二氧化碳当量/个
金属热水壶	生产运输：10；使用（电力消耗）：390	10.00	千克二氧化碳当量/个

续表

种类	各环节排放量	总排放量	排放单位
燃气灶	生产：60.6；使用（情景1，电力消耗）：592；使用（情景2，电力消耗）：986	60.60	千克二氧化碳当量/台
电磁炉	生产：95.9；使用（情景1，电力消耗）：894；使用（情景2，电力消耗）：1490	95.90	千克二氧化碳当量/台
榨汁机/破壁机	生产运输：31.08；使用（电力消耗）：148.4	31.08	千克二氧化碳当量/台
洗碗机	生产：0.11453；使用（电力消耗）：3.49159；回收：0.02361	0.11	吨二氧化碳当量/台
14英寸笔记本计算机	生产运输：482；使用（电力消耗）：309；废弃处置：0.992	482.00	千克二氧化碳当量/台
城市水供应的温室气体总排放		0.21	千克二氧化碳当量/立方米
城市居民生活用水平均		1.85	千克二氧化碳当量/立方米
夏季居民生活用水的能源消耗（淋浴用水）		4.18	千克二氧化碳当量/立方米
夏季居民生活用水的能源消耗（饮用水）		1.12	千克二氧化碳当量/立方米
夏季居民生活用水的能源消耗（洗衣机用水）		0.18	千克二氧化碳当量/立方米
夏季居民生活用水的能源消耗（其他洗漱用水）		0.11	千克二氧化碳当量/立方米
冬季居民生活用水的能源消耗（淋浴用水）		6.34	千克二氧化碳当量/立方米
冬季居民生活用水的能源消耗（饮用水）		1.14	千克二氧化碳当量/立方米
冬季居民生活用水的能源消耗（洗衣机用水）		0.38	千克二氧化碳当量/立方米
冬季居民生活用水的能源消耗（其他洗漱用水）		1.35	千克二氧化碳当量/立方米
供水系统—地表水取水能耗（城市远程输水，距离15~50km）		0.15	千克二氧化碳当量/立方米

种类	各环节排放量	总排放量	排放单位
供水系统—地下水抽提能耗（提升高度35~78m）		0.31	千克二氧化碳当量/立方米
供水系统—脱盐产水能耗—多级闪蒸法（电耗）		3.45	千克二氧化碳当量/立方米
供水系统—脱盐产水能耗—多效蒸馏法（电耗）		5.75	千克二氧化碳当量/立方米
供水系统—脱盐产水能耗—压气蒸馏法（电耗）		11.50	千克二氧化碳当量/立方米
供水系统—脱盐产水能耗—电渗析法（电耗）		18.00	千克二氧化碳当量/立方米
供水系统—脱盐产水能耗—反渗透法（电耗）		4.55	千克二氧化碳当量/立方米
供水系统—再生水生产能耗		0.82	千克二氧化碳当量/立方米

数据来源：中国城市温室气体工作组，2022

2.5.2 碳减排与用

通过低碳生活方式，合理使用各类生活用品，达到节水、节电、节油、节气等目的，从而实现碳减排。

（1）少用塑料袋，多用布袋

生产1个塑料袋相当于消耗约0.04克标准煤，对应0.1克二氧化碳排放量。日常生活中塑料袋用量很大，若我国的塑料袋使用量减少10%的话，每年能节约1.2万吨标准煤，减少约3.1万吨二氧化碳排放量。

（2）少用一次性筷子，多用自带餐具

大量使用一次性筷子将会对林业资源产生大量的消耗。若我国一次性筷子的使用量减少10%，每年将减少约10.3万吨二氧化碳排放量。

（3）合理使用冰箱，选用节能冰箱

每天冰箱的开启时间缩短3分钟，一年下来能节约30度电，对应减少约23.6千克二氧化碳排放量；定期对冰箱进行除霜处理，每年能节省约184度电，相应减少约144.4千克二氧化碳排放量。若全国所有冰箱实行以上处理措施，每年可节省约73.8亿度电，相应减少约579.3万吨二氧化碳排放量。

节能冰箱与普通冰箱相比，每年大致可节约100度电，对应减少约78.5千克二氧化碳排放量。如果每年有1427万台节能冰箱替代普通冰箱，全国每年能节约14.7亿度电，相应可减少约115.4万吨二氧化碳排放量。

（4）少开电视，调低电视屏幕亮度

若每家每天少开0.5小时的电视机，每台电视机相应可节约20度电，减少约15.7千克二氧化碳排放量。由此推算，若每天将全国1/10的电视机的开机时间减少半小时，全国每年能节省约7亿度电，相应减少55万吨二氧化碳排放量。

在设置电视屏幕的亮度时，可以将屏幕亮度设为中等亮度，不但可以满足舒适的视觉效果，还能起到节能作用。据统计，一台电视机每年能够节约5.5度电，减少约4.3千克二氧化碳排放量。若对全国约3.5亿台电视机采取此类措施，每年可节省约19亿度电，相应减少约149.2万吨二氧化碳排放量。

（5）适时断电，及时拔插头

饮水机这类的电器需要适时断电。据调查，日常生活中每天真正使用饮水机的时间仅有9小时左右，其余时间处于闲置状态，因此将近2/3的电量被白白浪费。若我们在其闲置状态时关闭电源，每台每年能节省约366度电，相应减少约287.3千克二氧化碳排放量。假如对全国4000万台左右的饮水机都采用闲置时关闭电源的措施，全国每年能节省约145亿度电，相应减少约1138.3万吨二氧化碳排放量。

对于无须一直开启的电器，需要采取适时关闭电源或者拔掉插头的措施。比如，电视机、洗衣机、空调、油烟机等常见家用设备，适时拔掉电源，可减少待机状态下的耗电量。若全国3.9亿户家庭采取此类措施，每年可节省约20.3亿度电，相应可减少约159.4万吨二氧化碳排放量。

（6）节约用水

给家用热水系统包裹保温隔热材料。热水器工作过程及热水输送过程，如果没有保温隔热措施，将会造成热量散失，导致能源浪费。以电热水器为例，若包裹了隔热保温材料，每台每年可节省约96度电，相应减少约75.4千克二氧化碳排放量。以全国1000万台热水器进行统计，每年可节省约9.6亿度电，相应减少约75.4万吨二氧化碳排放量。

选择淋浴，避免盆浴，尽量缩短洗浴时间。淋浴相对盆浴更加节水，每人每次可节省约170升水，毋庸置疑，也减少了污水的排放与处理，共计减少约8.1千克二氧化碳排放量。以全国1000万人淋浴替代盆浴进行统计，每年可减少约574万吨二氧化碳排放量。

淋浴温度应当降低。如果将淋浴的温度降低1℃，那么每人每次淋浴可减少约35克二氧化碳排放量。以全国20%的人采取以上措施进行统计，每年可减少约165万吨二氧化碳排放量。

安装节水龙头。感应节水龙头比普通手动水龙头节水约30%，相应每户每年可减少约24.8千克二氧化碳排放量。以全国每年200万户家庭采取以上措施进行统计，可减少约5万吨二氧化碳排放量。

关紧水龙头，避免漏水。据研究，水龙头若没关紧，每月漏水约2吨，每年漏水约24吨，还会产生等量的污水排放与处理。以全国3.9亿户家庭能制止以上现象进行统计，每年可减少约868万吨二氧化碳排放量。

用盆接水洗菜。相比直接用水冲洗，用盆接水洗菜每户家庭每年可节水约1.64吨。不仅如此，还减少了大量的污水排放与处理。以全国1.8亿户家庭采取以上措施进行统计，每年可减少约13.4万吨二氧化碳排放量。

如图2.5所示为江西省鹰潭高新区白露中心小学组织学生开展节水社会实践课。

图2.5 江西省鹰潭高新区白露中心小学组织学生开展节水社会实践课

图片来源：徐烨，2018

（7）用太阳能烧水

太阳能热水器不但节能环保，而且使用寿命长。每平方米的太阳能热水器每年节省的能源，可减少约308千克二氧化碳排放量。

（8）采用节能方式做饭

煮饭时，淘米后浸泡10分钟左右，再用电饭锅煮，可以节约煮饭时间，从而达到节能效果。据研究，每户家庭每年采取以上措施，可节省约4.5度电，相应可减少约3.5千克二氧化碳排放量。以全国1.8亿户家庭采取以上措施进行统计，每年可节省约8亿度电，相应可减少约62.8万吨二氧化碳排放量。

避免抽油烟机空转。以每台抽油烟机每天减少空转10分钟计算，每年可节省约12.2度电，相应可减少9.6千克二氧化碳排放量。以全国8000万台抽油烟机采用以上措施统计，每年可节省约9.8亿度电，相应可减少约76.9万吨二氧化碳排放量。

加热食物优先选择微波炉而非燃气灶。微波炉较燃气灶有更高的能效，如果全国15%的烹饪由微波炉替代燃气灶，每年可节省约60万吨标准煤，相应可减少约154万吨二氧化碳排放量。

选用节能电饭锅。节能电饭锅与普通电饭锅加热同样时间，前者比后者节省约20%的电量，每台每年能节省约9度电，相应减少约7.1千克二氧化碳排放量。以全国10%的家庭选用节能电饭锅进行统计，每年可节省约0.9亿度电，相应减少约7.1万吨二氧化碳排放量。

（9）合理使用计算机、打印机

计算机闲置时可选择关机或待机模式。计算机闲置时选择关机或待机，与保持正常运行相比，每台计算机每年可节省约6.3度电，相应减少约4.9千克二氧化碳排放量。以全国7700万台计算机采取以上措施进行统计，可节省约4.8亿度电，相应减少约38.1万吨二氧化碳排放量。

适当降低屏幕亮度。适当降低计算机屏幕亮度，每台台式计算机每年可节省约30度电，相应减少约23.6千克二氧化碳排放量；而每台笔记本计算机每年可节省约15度电，相应减少约11.8千克二氧化碳排放量。以全国7700万台计算机采取降低屏幕亮度的措施进行统计，每年可节省约23亿度电，相应减少约180.6万吨二氧化碳排放量。

打印机在使用时才打开。不使用打印机时采取断电措施，每台每年可节省约10度电，相应减少约7.9千克二氧化碳排放量。以全国3000万台打印机采取以上措施进行统计，每年可节省约3亿度电，相应减少约23.6万吨二氧化碳排放量。

（10）合理利用纸张

教科书内容未更新时，可重复使用。据测算，少印刷一本教科书，可减少约0.2千克的耗纸量，相应减少约0.66千克二氧化碳排放量。以全国约1/3的教科书被循环利用进行统计，可减少约20万吨耗纸量，相应可减少约66万吨二氧化碳排放量。

尽量选择双面打印及复印，使纸张得到充分利用。如果全国10%的打印及复印优先选择双面的话，可减少约5.1万吨的耗纸量，相应减少约16.4万吨二氧化碳排放量。

优先选用电子书刊，而非纸质书刊。如果全国5%的纸质书刊改为电子书刊，每年可减少约26万吨耗纸量，相应可减少约85.2万吨二氧化碳排放量。

优先选用电子邮件，而非传统纸质邮件。电子邮件不但送达快速，而且节约能耗，每封电子邮件比纸质邮件减少约52.6克二氧化碳排放量。以全国1/3的纸质邮件被电子邮件替代进行统计，每年可节省约3.9吨耗纸量，相应减少约12.9万吨二氧化碳排放量。

使用再生纸。生产1吨再生纸比以原木作为原料生产的纸少耗能40%，1张再生纸能减少约4.7克二氧化碳排放量。以全国大约2%的纸张被再生纸替代进行统计，每年减少约116.4万吨二氧化碳排放量。

2.6　双碳与游

随着科技进步及生活水平的提高，人们的娱乐方式越来越多，其中旅游就是人们非常偏爱选择的一种。过去几十年，全球范围内的廉价航空旅行、互联互通、新商业模式和更便利的签证促进了旅游业的持续增长，人们越来越倾向于在旅游中度过自己的休闲时间。中国经济网对国内旅游抽样调查统计结果显示，2021年上半年国内旅游总人次18.71亿，比上年同期增长100.8%。其中，城镇居民旅游总人次13.08亿，增长91.5%；农村居民旅游总人次5.63亿，增长126.1%。虽然这种演变为经济发展提供了巨大的机会，但也伴随巨大的责任，尤其是在应对环境污染和气候变化方面，旅游业的碳排放约占世界碳排放的8%，从酒店住宿、飞机飞行到旅行者购买纪念品，各个环节都会增加旅游业的二氧化碳排放量。图2.6为全球旅游业碳足迹比例。

旅游业，从酒店住宿、航空飞行、个人出行等"游"方面，碳排放的影响值得关注，如何减排以及如何计算"游"的碳排放量，也需要深入探讨。

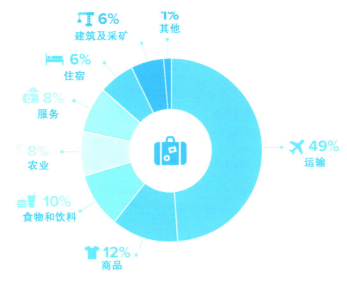

图2.6 全球旅游业碳足迹

图片来源：Sustainable Travel International，2018

2.6.1 碳排放与游

（1）酒店行业

气候变化已经影响到酒店行业。中国饭店协会发布的《2020中国酒店业发展报告》显示，截至2020年1月1日，我国住宿业设施总数达到60.8万家，客房总规模1891.7万间，相比于2019年有所增加。与其他行业一样，酒店业有责任控制其对气候的影响。在旅游领域，酒店和民宿设施占相当大的能源消耗和二氧化碳排放。酒店的服务水平越高，人均二氧化碳排放量就越高。

（2）飞机飞行

在旅游对气候的影响因素中，飞行是一个极具争议的话题。首先，航空排放如何归于各国。需要明确的是，来自航空的非二氧化碳排放并不包括在《巴黎协定》中，这意味着它们很容易被忽视——尤其是在国际航空不计入任何国家的排放清单或目标的情况下。其次，它们在我们个人和集体碳排放中所扮演的角色是脱节的，很难被计入个人和集体的碳排放量。最后，从航空业的二氧化碳排放来看，虽然它只占全球二氧化碳排放总量的2.5%，但那是由于许多人不坐飞机。

一种计算飞机飞行二氧化碳排放量的方法为：计算每次飞行的燃料消耗。以波音737-400喷气式飞机为例，当它被用于短途国际航班时，相应数据为：①距离：926公里；②燃料使用量：3.61吨（包括滑行、起飞、巡航和降落）；③座位数：164；④载客率：65%；⑤每名乘客每公里的燃料消耗：36.6克；⑥每克航空燃料的二氧化碳排放量：3.15克；⑦每名乘客每公里二氧化碳排放量：115克；⑧巡航速度：780公里每小时；⑨每小时二氧化碳排放量：90千克。当波音747-400用于国际长途飞行时，其相应数据为：①距离：5556公里；②燃料使用量：59.6吨（包括滑行、起飞、巡航和降落）；③座位数：416；④载客率：80%；⑤每名乘客每公里的燃料消耗：32.2克；⑥每克航空燃料的二氧化碳排放量：3.15克；⑦每名乘客每公里二氧化碳排放量：101克；⑧巡航速度：910公里每小时；⑨每小时二氧化碳排放量：92千克。

这些二氧化碳通常被排放到高层大气中，这被认为比在海平面释放的二氧化碳具有更强的温室效应。因此，通常乘以2的倍数来调整实际得出的碳排放量，92乘以2得到每小时大约180千克二氧化碳排放量。除此之外，还需考虑下列用途的化石燃料能源：航空油料的开采和运输，飞机制造和维修以及机场建设、维修、供暖、照明等。

以上数据可能比人们想象的航空对气候变化的影响要小，但航空业最关键的挑战是脱碳非常困难。虽然我们已经可以利用可再生能源和核能技术向电动汽车过渡，但还没有行之有效的解决航空业问题的办法。电动飞机是一个可行的概念，但由于电池技术和容量的限制，可能仅限于非常小的飞机。

（3）个人出行

旅客人数不断增多导致碳排放增加。旅游业的产业价值预计每年增加4%，超过国际贸易的产业价值增加。这种增长主要是因为发展中国家为了刺激经济，大力发展旅游业，使得旅游地的数量比以往更多。因为旅游业的大力发展，导致了旅客人数的不断增加。根据世界旅游组织（UNWTO）和国际交通论坛（IFT）发布的报告，预计2016—2030年，世界范围内游客预计将从200亿人次增至370亿人次。

　　游客在旅行过程中碳排放的方式呈现出多样化的特点。由于交通变得更加便捷，游客可以选择通过航空、铁路和公路等多种方式出行，这就导致个人旅行直接的碳排放；由于旅游消费的升级，游客消费食品、酒店住宿和购买纪念品等，可以导致个人旅行间接的碳排放。

2.6.2　碳减排与游

（1）酒店行业

酒店减少碳排放主要包括以下两个方面：

1）减少对化石燃料的依赖

　　酒店的能源用于照明、加热、冷却、烹饪、制冷及其他用途。当这些能源来自石油、天然气和煤炭等化石燃料时，累积起来会产生巨大的碳排放量。

　　酒店减少碳排放最有效的方法是使用可再生能源，除了减缓气候变化，还可以节省长期成本。转向可再生能源首先要考虑的是酒店所在地区是否已经有可再生能源基础设施，然后可以从当地的电力供应商那里购买清洁能源。在许多地方，基础设施要么不存在，要么不足以满足当地的需求。在这种情况下，酒店可以安装自己的可再生能源系统。例如，食物垃圾也可以用作可再生能源，通过一种叫作"厌氧消化"的过程，食物垃圾可以转化为沼气，这些沼气可以用来发电或取暖。

2）保护森林和生态系统

　　除了减少酒店的化石燃料使用，还应当保护或恢复酒店周围的自然生态系统。森林和沿海栖息地不仅可以防止碳排放，还可以促进生物多样性，并提供了观鸟、徒步旅行和浮潜等自然旅游活动，它们还可以帮助减少洪水和稳定海岸线。很多旅游景区的高端酒店都位于原生态的自然环境中，更应注意保护森林和生态系统。

（2）飞机飞行

　　航空排放在很大程度上取决于飞机的类型和飞行的距离。按飞机类型划分的最佳飞行距离，可以使每公里的排放量降到最低。像波音747这样的宽体飞机的最佳飞行距离是3000～4000英里（1英里≈1.61公里），对于较短的飞行，每公里会排放更多的二氧化碳，因为在起飞和降落过程中会消耗更多的燃料。

为了减少二氧化碳排放量，飞机可以使用清洁燃料，并改变飞行路径，在较低的高度飞行，避免形成尾迹。零排放飞机（如氢飞机或电动飞机）可以帮助减少较短航程的航空排放。

（3）个人出行

1）尽量减少飞行

我们可以减少飞行，从而减少碳排放量。少坐飞机可能意味着选择一种更环保的交通方式，如火车或电动汽车。也可以选择碳排放强度较低的方式，如利用电话会议代替商务会议，或者用更长的个人假期代替几次碳密集的短途旅行。

2）长途旅行才选择飞机出行

飞机的大部分碳排放来自起飞和降落。因此，应尽可能选择直飞航班，如果飞行时间少于3小时，可以通过寻找替代的旅行方式（如公交车、火车或拼车）来减少碳排放。

3）减少对一次性物品的使用

当我们出行时，应尽量选择体积较小的小样化妆品和护肤品，或是选择自带可以重复利用的小件生活物品（如拖鞋、牙刷），这样做不仅可以减少行李重量，在运输中节省燃料，也可以减少对酒店一次性用品的依赖。

4）租借代替购买

一些旅游装备可以选择在当地租借，而不是购买新的。这样做不仅可以节省旅行花费还可以减少行李重量，而且租借从另一方面来看是一种共享的生活方式，当大家学会对物品进行共享而不是独占时，也是对地球环境的一种保护。

5）减购纪念品

尽量避免在景点购买大批量生产的服装和饰品，因为它们需要长途运输，从而增加了碳排放量。如确有必要购买礼物，尽可能从当地的手工艺人那里购买，这对当地环境和地区经济更有利。

【拓展阅读】

（1）国家发展改革委等七部门:印发《促进绿色消费实施方案》[J].节能与环保,2022(2):6.

（2）本报评论员.坚决制止餐饮浪费行为[N].人民日报,2020-09-24(9).

（3）焦德武.实现"双碳"目标,需要更多"行家里手"[N].光明日报,2022-01-17(7).

（4）王井怀.双碳目标催生新职业[J].瞭望,2021(42):52-53.

（5）ISO 14040, Environmental management-Life cycle assessment-Principles and framework.

（6）ISO 14067, Carbon footprint of products.

【思考与练习】

（1）假设出行里程在500公里左右,以下哪种出行方式人均碳排放最少?

A.飞机　　　　　　　　B.火车　　　　　　　　C.自驾车

（2）日常生活中,以下哪种洗衣方式最节能环保?

A.集中用洗衣机洗衣　　B.手洗衣服　　　　　　C.每天用洗衣机洗衣服

（3）炎热的夏季,设置以下哪种空调温度有利于节能和控制碳排放?

A.25℃　　　　　　　　B.26℃　　　　　　　　C.27℃及以上

（4）如果家离公司的步行路程在20分钟以内,选择哪种方式最节能环保?

A.走路　　　　　　　　B.骑自行车　　　　　　C.坐私家车

（5）以下哪一项不是减少使用塑料袋目的？

A.减少碳排放   B.使用更方便   C.减少白色污染

（6）"低碳生活"中的"低碳"是指？

A.生活中不用含碳物品

B.减少二氧化碳排放

C.停止含碳矿物开采

参考答案：（1）B；（2）B；（3）C；（4）A；（5）B；（6）B。

【体验与实践】

（1）请通过调研与统计，简要说明衣、食、住、行、用、游等日常生活中，哪一种的碳排放普遍较高？哪一种最容易控制碳排放量？

（2）在炎热的夏季，请体验并调研空调温度相差1℃的情况下，人的体感及舒适度是否有明显的差别？如果整个夏季都将温度调高1℃，每人每年大概能减少多少二氧化碳排放量？

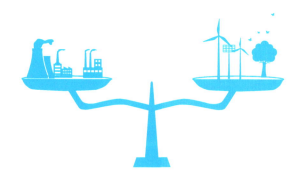

3

双碳
与生产服务

双碳与生产服务

【学习目标】

知识目标：从工业主要生产过程产业链及产业控碳角度，认识工业生产行为对碳排放的影响，掌握生产控碳的基本方法。

素质目标：了解国家主要生产过程产业链控碳措施及成效，增强民族自豪感。

能力目标：通过对工业生产行为链碳排放特征的熟悉，了解生产控碳的未来技术发展方向。

【情景导入】

生产控碳——既不"卡脖子"也不"掉链子"

2018年以来，随着航天、核电、新能源等新兴产业飞速发展，国内市场对"手撕钢"的需求不断增长，关键技术受制于人所导致的供需矛盾日益显现。在这一背景下，国产"手撕钢"横空出世，占据了新技术"高点"，补齐了产业链"断点"，变"高价买"为"平价造"，更让"卡脖子"问题不再"掉链子"。

据媒体报道，青岛云路生产的非晶带材是将钢、硅、硼按照一定的比例混合，其中钢占绝大部分，高温熔化后再经过多道加工程序，生产出的一种比纸还薄的磁性材料。因为可以轻易被撕开，所以也被称为"手撕钢材"。但是，它又有着钢铁的硬度，因为厚度只有27微米，约为头发丝直径的1/2，所以锋利如刀刃，不小心就能割破手指。

据悉，这种非晶带材是一种新型节能材料，与传统材料相比，具有超导磁、低损耗、高强度、耐腐蚀等诸多独特性能，尤其在变压器领域，非晶带材制造的非晶变压器比传统硅钢变压器更加节能。更重要的是，使用这种新材料后，可以大大减少电损耗和二氧化碳排放量。2021年，中国宝武太钢集团的"手撕钢"研发又有新突破，厚度从0.02毫米跨越到0.015毫米，研发人员还在性能方面持续探索，图3.1所示为"手撕钢"样品。

图3.1　0.02毫米和0.015毫米"手撕钢"样品

图片来源：新华社，2021

进入21世纪后，全球经济呈现低迷衰退趋势，国际贸易投资呈现萎缩态势，产业链、供应链内外循环受阻，全球化思潮推行受阻，全球产业发展动荡失序。与此同时，新能源以及碳中和理念更是引发发展权问题。产业链的风险是重大系统性风险，先进制造业全产业链布局亦为国家安全战略，只有持续增强国家产业链、供应链的独立自主可控能力，才能确保在关键时刻不被他国"卡脖子"，也不会在紧要关头"掉链子"。

从本案例可以看出，产业链及生产技术对控碳至关重要。本章从产业链的角度出发，重点介绍"双碳"对能源供给侧和能源需求侧产业分别带来的重要影响，解析不同产业生产控碳的实施路径，介绍电力、油气、钢铁、交通、建筑、制造、化工等领域的主要控碳技术。

3.1 双碳与能源供给侧

能源安全与国家繁荣发展、人民生活改善、社会长治久安等息息相关，事关国家经济社会发展的全局。双碳目标对能源供给侧产业发展提出了全新要求，对能源供给侧产业的转型发展作出了清晰界定，特别是指明了传统电力产业、油气产业的发展模式和前进方向，其势必引起一场传统能源产业的革命。本节从能源供给侧产业出发，主要阐述双碳对电力、油气产业的影响，解析能源供给侧产业双碳实施路径，介绍能源供给侧产业控碳技术的发展。

3.1.1 双碳与电力

（1）双碳对电力产业的影响

电力行业产业链主要由发电、输电、配电和售电等关键环节组成，其中发电产业又细分为火电、水电、核电、太阳能电、风电等不同形式。我国各类能源的装机量与发电量分布大致为：火电装机量占比56.6%，发电量占比67.9%；水电的装机量占比16.8%，发电量占比17.8%；风电装机量占比12.8%，发电量占比6.1%；太阳能装机量占比11.5%，发电量占比3.4%；核电装机量占比2.3%，发电量占比4.8%。据统计，中国煤炭、石油、天然气消费量分别占世界总量的51.7%、14.5%、7.8%，由此可见，我国要控制二氧化碳的排放量，第一要义是控制住煤炭消费量。约一半的煤炭都用于燃烧发电，火电（约90%是煤电）的二氧化碳排放量占全国总排放量的43%，是二氧化碳排放的最大单一来源。

如图3.2所示为2001—2020年我国能源消费走势及能源结构占比情况。从图中可知，能源消费逐年增长，能源结构也在不断调整优化，2000—2008年，我国非化石能源占比恒定在5%~7%，增长缓慢。2008年以后，随着国家对水电、核能、可再生能源等非化石能源领域的重视和相关领域的关键技术不断突破，在能源消费总量中，煤炭用量占比明显降低，非化石能源的占比得到迅速增长，在2020年已超过16%，由此可见非化石能源正逐步成为我国现阶段主要能源消费来源。

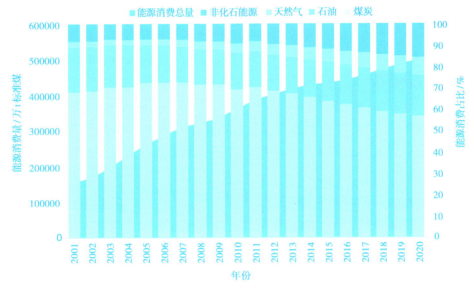

图3.2　中国能源消费走势及能源结构占比（2001—2020）

图片来源：曾诗鸿等，2021

如表3.1所示为全球各种电源的平均二氧化碳排放强度。从表中可以看出，采用化石能源发电，即煤、油、气电均为高碳排放电源，其中以煤电二氧化碳排放强度最高，每度电排放二氧化碳超过1千克；除此之外，其余8种电源均是低碳排放电源（简称"低碳电源"），水电的二氧化碳排放强度仅为4克每度电，远低于煤电。从各种电源的二氧化碳排放强度可以看出，降低二氧化碳排放的最简单有效的方法就是大力发展低碳电源，减少高碳电源。然而，我国资源现状为富煤贫油少气，电力行业很难离开煤炭，故电力行业面临极大挑战。

表3.1　全球各种电源的平均二氧化碳排放强度

单位：克/千瓦时

电源名称	煤电	油电	气电	光伏	地热	光热	生物质	核电	风电	潮汐	水电
排放强度	1001	840	469	48	45	22	18	16	12	8	4

数据来源：朱法华等，2021

1）面临的挑战

①煤电装机占比逐年下降。煤电装机快速增长带来的负面效应不断显现，2018年以来全国各地煤电装机后的运行小时数仅为4000小时左右，远低于设计标准规定的5500小时，从而造成2亿煤电装机产能严重过剩，也带来了极大的投资浪费。2012年以来，中国煤电装机占总装机的比重呈逐年递减态势，从2012年的65.7%下降至2019年的52%。中国能源供应体系正由以煤炭为主向多元化转变，可再生能源逐步成为新增电源的装机主体。

②智能电网长期安全稳定运行压力增大。太阳能、风能等新能源用于发电是良好的选择，但也容易被天气变化等气候条件所影响，呈现出极强的随机性、波动性。国家电网中的发电和负荷需要时刻保持平衡，随着可再生能源发电比例提高，对电网的平衡能力、长期安全稳定运行提出了更大挑战。

③碳减排技术发展利好但前景存疑。碳中和目标提出后，对以碳捕集与封存为代表的减排技术发展呈现利好态势，尤其是传统电力行业。若要保留一定比例的煤、油、气电等化石能源装机，与生物质等可再生能源发电并存，就必须考虑对发电产生的二氧化碳进行捕集、封存或者利用，否则与森林碳汇难以形成平衡。然而，碳减排技术距离大规模商用还有差距，且成本居高不下，部分技术还存在生态安全风险。

2）带来的机遇

①电力行业清洁低碳发展目标更加明确。党的十九大报告明确提出"推进能源生产和消费革命，构建清洁低碳、安全高效的能源体系"，为能源产业朝着清洁低碳方向转型提出了新要求，这就需要加快推进我国能源结构从煤电为主向清洁低碳方向发展。

②可再生能源发电迎来规模化发展阶段。光伏、风电和水电等可再生能源发展迅速，2009—2019年的10年间，可再生能源在电力总装机的比重从24%提高到38%，但要实现电力行业的碳排放近零，还有很长的路要走。

③碳市场引领电力行业低碳化发展方向。碳中和目标提出后，市场将在碳资源配置上发挥基础性和决定性作用。未来全国碳市场完善后，将形成市

场化的碳定价机制，把碳价信号及时清晰地传导至电力行业上下游，进而降低全社会的碳减排成本。

（2）电力产业双碳实施路径

世界各国的资源禀赋、科技水平、经济实力、地域范围等方面存在差异，因此，不同国家的电力行业实现碳达峰、碳中和的路径亦存在较大不同。例如，欧美等发达国家完成工业化较早，这些国家电力行业的碳达峰过程一般都是经济社会发展的自然过程，随后逐步进入后工业、信息、互联网时代，经济增长不再依赖能源消耗，电力产业基本维持在相对稳定的水平。就中国而言，实现双碳目标是一场深刻的经济社会变革，需要坚持系统思维，立足本国国情，明确发展路径，构建新型电力系统。

①能源转型思想入脑入心。全民树立能源转型是一场"人民战争"的思想，能源转型是系统性变化，关乎每一个行业、每一个人，必须人人参与。

②实施可再生能源战略。可再生能源多数处于农村或城镇化程度较低区域，绿色能源产业将成为乡村振兴和农村现代化的重要突破口。

③优化电网的分区规模。持续发挥电网分区平衡单元的基础性、决定性作用，不断扩大区域电网平衡范围，调节盈余。

④推进电网数字化转型。新型电力系统是一个信息物理系统，融合了5G、大数据、云计算等现代计算机信息技术，可以实现电网"可见、可知、可控"。

⑤深化电力体制改革。为实现"3060"目标，中央财经委员会第九次会议明确提出"深化电力体制改革，构建以新能源为主体的新型电力系统"。若电力体制改革不到位，新型电力系统就难以构建。

⑥强化电力规划的引领。与时俱进，创新电力规划理论，以构建新型电力系统为目标，提出符合各地实际情况的"路线图"和"施工图"。

（3）电力产业控碳技术发展

我国火电的平均二氧化碳排放强度为0.8~1.0千克，若每度电耗煤量减少1克，全国每年就可减少750万吨二氧化碳排放量。因此，应集中力量加快技术改进，推进火电减排，大力实施"绿色煤电"。这主要需要开发煤清洁转化及高效利用技术，不断提高燃煤的发电效率，其中，提高燃煤发电效率大约可以实现减排15%的二氧化碳。被业界认为最具有发展前途的高效、洁净煤发电技术，主要涉及整体煤气化联合循环（Intergrated Gasification Combined Cycle，IGCC）、循环流化床燃烧（Circulating Fluidized Bed Combustion，CFBC）等技术。

①燃煤发电原料替代，如利用天然气、秸秆、生物质等低碳、零碳燃料替代煤炭，不断减少燃煤使用，增加可再生燃料使用。

②燃煤电厂捕集利用二氧化碳的方式为燃烧前捕集、富氧强化燃烧和燃烧后捕集三种。燃烧前捕集技术已应用于整体煤气化联合循环电厂，并成功应用于大规模工业生产。

③实施煤电节能改造。当前煤电装机多数为亚临界机组，煤耗较高，若全部提升至超临界水平，煤耗将大幅度降低，同时低负荷调节灵活性将得到极大改善，可以进一步提升电网消纳能力以及风、光伏的发电量，尤其是带有汽包的锅炉设备具有良好的水动力学稳定性，更适宜电网负荷调节。

④煤电掺烧非煤燃料。煤与生物质、污泥、生活垃圾等耦合混烧，也是煤电低碳发展方向之一，利用固体生物质燃料部分或全部代替煤，可以显著降低二氧化碳排放量。

⑤发展循环流化床燃烧技术。这是不断发展起来的清洁煤燃烧技术。该技术具有燃料适应性广、燃烧效率高、氮氧化物排放低、低成本石灰石炉内脱硫、负荷调节比大和负荷调节快等优点。

⑥以储能与碳捕集为补充，保障电力系统稳定。保障电力系统稳定的关键在于不断发展新的储能项目，这样可以不断扭转弃风、弃光、弃水的现象。然而，储能项目往往投资较大，且自身电耗较高，如作为储能效率最高的抽水蓄能，其能源转换效率也仅有75%左右。

⑦开发可再生能源发电技术。重点开发以太阳能、风能、地热能等可再生能源为载体的新型零碳电力技术，以及热化学、电化学等新型储能技术；开发高比例可再生能源并网、分布式能源、新型直流配电、特高压输电等先进能源互联网技术；开发利用可再生能源制氢、储氢、运氢和用氢技术，以及低品位余热利用等零碳非电能源技术。

3.1.2　双碳与油气

油气号称工业"血液"，但也是碳排放"大户"。据统计，2019年全球二氧化碳排放量超过330亿吨，主要源于煤、石油和天然气等化石能源的使用，其中油气行业的碳排放量超过180亿吨，占比55%。使用油气会产生绝大部分二氧化碳，油气的开采、运输、储存等环节都会产生二氧化碳，预计全产业链的二氧化碳排放量可达到全球排放总量的40%以上。要实现碳中和，油气行业势必成为减排主体。油气行业低碳发展对于国际气候治理和全球2℃温升控制目标的实现，具有重要的现实意义。碳中和目标对能源行业提出了巨大挑战，加快产业转型升级并减少碳排放是全球油气发展的必由之路。

根据不同情景下全球化石能源需求走势预测（图3.3），双碳目标的提出使得油气需求峰值提前到达，特别是石油需求峰值。据研究，在可持续发展愿景下，2025年前全球石油需求将达到峰值，2030年前全球天然气需求将达到峰值，而后将以较快速度下降。我国石油需求将在2030年之前达到峰值，天然气需求将在2040年左右达到峰值。

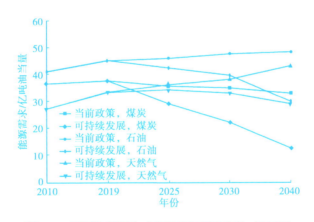

图3.3　不同情景下全球化石能源需求走势（2021）

图片来源：王敏生和姚云飞，2021

油气市场不稳定性增加，油气价格在中低位剧烈震荡。页岩气革命以来，油气投资增长推动北美油气产能快速增长，造成了油气市场供应过剩的局面，加之油气消费增速放缓，油气价格势必将大幅下滑并维持低位震荡。在全球碳中和的约束下，二氧化碳排放约束趋紧，化石能源消费逐渐减少，油气供过于求的局面将日益显现。因此，油气供需基本宽松，则价格很难恢复高位；油气需求波动，则价格也将随之震荡。

油气勘探开发由活跃态势，转向发展空间逐渐受限。2030年前，油气勘探开发保持活跃，石油工程的市场规模总体上具有一定增长空间（图3.4）。"十四五"期间，油价逐渐反弹，石油工程市场保持复苏态势。然而，随着石油需求达峰，特别是油气需求达峰后，油气需求必然走向下滑态势，油价则保持低位，油气勘探开发活动则逐渐收缩，继而呈现不断萎缩的局面。

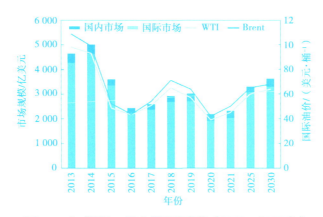

图3.4　全球石油工程市场规模变化（2013—2030年）

图片来源：王敏生和姚云飞，2021

油气勘探开发向低碳化转型是大势所趋。在全球各国双碳相关政策的约束和牵引下，油气勘探开发是油气行业减排的首要环节，勘探开发相关的低碳技术是达成减排目标的关键。低碳技术主要包括大规模推广应用电动化设备和节能装备、钻井液和压裂液循环利用、工厂化作业和钻井提速技术等。油田服务流程需持续优化，装备和物资利用效率不断提高，运输过程碳排放量不断降低；采油采气厂加大应用节能技术，优化能源结构，扩大太阳能、风电等可再生能源的应用。

双碳背景下，油气行业融资难度增加。一方面，全球双碳行动对资本市场产生深远影响，传统油气等化石能源项目的投资回报堪忧，这直接导致全球油气公司现金流紧缩，股价下滑；另一方面，社会公众积极参与双碳行动，低碳和零碳是企业社会责任的重要体现，企业生产经营及投资引起的碳排放情况将显著影响其在公众心中的信誉和形象，银行、投行等金融机构的融资去向将引起社会公众的更多关注，投资低碳产业是必然趋势。油气等化石能源行业融资难度和成本必然上升，现金流和债务管理面临更大挑战。

（1）双碳对油气产业的影响

1）面临的挑战

我国油气行业由高碳向低碳甚至零碳的转型发展，主要面临以下矛盾与挑战：

①长期经济效益与中长期高额亏损的矛盾和挑战。转型初期，新能源业务缺乏稳定的盈利模式，对政府补贴必然产生依赖性。油气行业转型初期难免出现亏损，甚至是高额亏损，导致对外部融资产生过度依赖，但又难以满足股东对投资回报的预期。因此，转型过程中，可能会出现新能源业务拖累传统能源业务的局面。

②管理理念新旧交替的矛盾和挑战。管理理念与生产技术是相匹配发展的，传统油气行业向低碳或零碳能源业务转型发展，必然面临建立与之相匹配的管理组织架构、管理方式和管理理念等矛盾和挑战。

③传统技术与新技术迭代发展的矛盾和挑战。传统油气向低碳或零碳等新能源发展，必须首先攻克开发新能源的关键技术。传统油气勘探开发技术虽已成熟，但是无法复制到新能源开发领域。因此，能源转型升级的压力，事实上是如何突破新能源开发的技术屏障，从而提升新能源开发的水平。

2）带来的机遇

①发展风能、氢能、核能、地热、电动汽车等新能源产业。新能源产业技术的不断进步，使得能源成本不断降低，利润空间不断增大，给全球油气公司转型升级提供了信心和动力。特别是对于油气进口国，将会更加有力地推动新能源业务发展。

②发展生物燃料等低碳燃料。与传统油气企业相比，低碳燃料生产企业的生产经验、生产规模能力、运行资本等方面存在较大不足。因此，传统油气企业可借此机会发展生物燃料等低碳燃料技术，提高市场份额、改善经营业绩或实现经济效益以提高生产利润率。

③发展碳捕集、利用和封存技术（Carbon Capture，Utilization and Storage，CCUS）。油气行业人才、技术及资金丰富，可以考虑研究、建造和运营碳捕集、利用与封存技术及设备。油气行业具有丰富的研究、建造和经营大型项目及设施的经验，对于发展CCUS项目具有先天优势。CCUS设施的发展，不但可以供企业自身利用，也可以推向市场，供其他客户使用。

（2）油气产业双碳实施路径

油气行业双碳实施路径将呈现两种态势：向国际综合能源公司转型，打造低碳资产组合；基于传统油气业务+负碳技术，实现创新优化。无论采取何种实施路径，都需要开发新技术、新材料、新装备，加强国际合作，探索新商业模式，这样才能成功实现能源转型。

1）向国际综合能源公司转型，打造低碳资产组合

①零碳转型。

遵循国际标准与各国相关法律政策，为零碳转型提供法律保障。油气企业在拓展新能源业务时，需遵循已有的零碳转型政策法规及标准。如德国的《可再生能源法》和《国家氢能战略》等碳中和法律体系，以及法国的《绿色增长能源转型法》等碳中和法律体系。

加强碳资产管理，稳步推进零碳转型。对碳排放进行核算、预测、分析，适时优化资产结构，实现低碳或零碳的转型发展。

②能源转型。

进军可再生能源领域。利用油气企业自身优势，通过收购可再生能源企业、发展海上风电、布局下游充电桩业务等形式，实现能源转型。

发展氢能产业链。利用油气企业自身生产、储运、分配利用等产业优势，可实现氢能的制造、储运、利用等全产业链发展。

③数字化转型。

打通板块进行系统整合。通过建立能源管理综合平台，实现各板块的信息共享、互联互通、协同配合发展，实现低碳数字化转型发展。

2) "基于传统油气业务+负碳技术"的创新发展路径

①零碳转型。

加强碳资产管理。制定碳管理整体战略，建立碳管理机制，在生产经营过程中实施碳排放统计分析、检测盘查和趋势预测等措施；加强碳核算、碳交易、碳咨询的人才招聘与培养，提升碳资产组合、配额、交易与履约等管理能力。

发展负碳技术。传统油气企业需要加大对各类负碳技术的开发力度以达到系统化利用水平，利用 CCUS、甲烷捕获技术、二氧化碳再利用技术等，延展清洁固碳产业链，推动化石能源行业低碳转型。

②能源转型。

开展节能降耗，提升资源利用率。利用非常规油气开采技术，推动油田良性增产或稳产；通过生产设备换代，提高生产过程中的能源利用效率；采用最新技术，控制生产过程中的碳排放；通过三相分离、废气回收循环利用技术和增材制造方法，减少废弃物量并增强供应链灵活性。

加大可再生能源利用。扩大生产用能的清洁替代，在生产经营过程中实现电气化转型，采用光伏、地热发电等可再生能源技术提高电力自给率。

提升综合效率，降低运营成本。油气需求下降及油价长期走低，促使油气行业综合效率提升，降低运营成本。油气企业可以通过优化物流环节减少燃料消耗和碳排放，例如，对陆运和船舶等物流设备进行协调，优化物流模式，实现运输能力共享；油气炼厂要以市场需求为驱动，优化生产决策，提高生产效率。

③数字化转型。

对生产运营进行优化提升，达到节能降耗及减排目的。使用物联网技术，在感知层、传输层和应用层进行油气数据采集、传输和分析处理；利用数字孪生和虚拟现实等数字化工具模拟场景、监控操作、跟踪能源使用情况，优化油气行业生产过程，提质降耗；在油气藏的精准建模、钻井作业优化、油气设备的动态诊断及预防性维护等领域使用人工智能技术，提升生产管理和分析决策水平；同时探索 AI、区块链、5G 技术在油气领域的应用场景，逐步通过新技术助力油气行业的数字化转型。

对管理决策提供分析支持。使用数字化综合平台进行多学科的协同运作，通过数据标准化、科研成果共享与数字化移交等手段，构建勘探开发一体化协作体系，实现油气勘探、开发、生产环节的精准决策。

（3）油气产业控碳技术发展

①二氧化碳驱油、封存技术。二氧化碳驱油、封存技术是一项新兴技术，通过将工业或能源生产相关气源中分离出来的二氧化碳注入石油储层，开展二氧化碳驱油，提高原油采收率，同时实现二氧化碳封存，有效降低二氧化碳排放量，从而实现经济开发与环境保护的双赢局面。据统计，二氧化碳驱油的采收率可在水驱的基础上提高 10%～30%。

②油气田开采节能技术。研发新型加热炉、高效燃烧器、数字化抽油机等一系列新产品，形成油气田开采节能减排技术。

③资源循环利用技术。将勘探开发过程涉及的二次资源进行循环利用，提高利用率，降低废弃率。例如，中石油研发的钻井泥浆不落地工作液循环利用技术，开发的水基钻井废弃物无害化处理和资源化利用等系列工艺技术装备，实现了钻井废弃物减量化、无害化处理和资源化利用。

④废弃物回收利用技术。将勘探开发过程中原本需要废弃的产物，利用新技术，变废为宝，资源化利用。如污泥资源化技术，针对上下游常规、含聚、稠油和炼化"三泥"，以燃料化、调制收油为核心，形成含油污泥资源化的系列技术。

⑤污染物净化减排技术。对勘探开发过程的产物进行净化后再排放，更大程度上助力绿色低碳发展。

3.2 双碳与能源需求侧

从产业结构来看，2020 年，我国消耗了约 41 亿吨煤炭，其中发电占 52%、钢铁占 17%、建材占 13%、化工占 8%、民用和其他行业占 10%。因此，能源需求侧的重点产业应率先实现碳达峰，具体措施包括：加大淘汰落后产能力度，采用先进技术，促进装备改造提档升级；全面实施余热余压再回收、物料循环再利用、废物再制造等新技术；进一步推动深加工精细度，不断延伸产业链。

本节从能源需求侧产业链出发，介绍双碳对钢铁、化工、建筑、交通等产业的影响，解析能源需求侧产业双碳实施路径，介绍需求侧产业控碳技术的发展。

3.2.1 双碳与钢铁

世界钢铁协会 2021 年统计数据显示，全球每生产 1 吨粗钢，大约需要排放 1.8 吨二氧化碳。自 1996 年开始，我国粗钢产量突破 1 亿吨大关，成为世界第一钢铁产量大国，到 2020 年，连续 25 年稳居世界第一。2020 年的粗钢产量高达 10.65 亿吨，占全球粗钢总产量的 57%。我国钢铁行业碳排放量占全国碳排放总量的 15% 左右，是 31 个制造业门类中碳排放量最大的行业。因此，我国钢铁行业的碳达峰碳中和需要走在其他行业前面。

回顾我国钢铁产业的绿色化发展进程，如图 3.5 所示，主要经历了节能、减排、脱碳等过程，大致可以分为以下 4 个阶段：

1981—1990 年，单体设备节能阶段。在这一阶段，通过对单体设备挖潜，吨钢综合能耗降低了 0.37 吨标准煤，降幅达 19.3%。

1991—2000 年，系统优化节能阶段。在这一阶段，通过工序节能、流程优化等措施，吨钢综合能耗降低了 0.63 吨标准煤，降幅达 40.49%。

2001—2010 年，关键技术节能阶段。在这一阶段，通过推广普及干熄焦、干除尘等重大节能技术，吨钢综合能耗降低了 0.2 吨标准煤，降幅达 23.41%。

2011 年至今，能源转换节能阶段。钢铁制造流程具有钢铁产品制造、能源转换、废弃物资源化三大功能，在这一阶段，能源转换功能得到深入开发，吨钢综合能耗降低了0.05吨标准煤，降幅达9.1%。

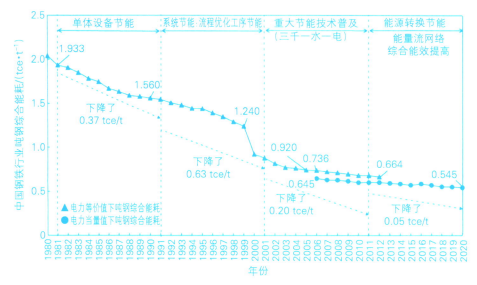

图3.5 1980—2020年中国钢铁行业吨钢综合能耗的变化

图片来源：上官方钦等，2021

（1）双碳对钢铁产业的影响

双碳背景下，作为国家落实二氧化碳减排的重要领域，钢铁行业机遇与挑战并存。面临的挑战有：

①时间紧、任务重。我国钢铁行业低碳转型，须在较短时间内完成达峰及降碳工作。我国专门制定的《钢铁行业碳达峰实施方案》提到：2025年，钢铁行业实现碳排放达峰；2030年，钢铁行业碳排放量较峰值下降30%，预计减排量为4.2亿吨。

②技术、人才等基础能力薄弱。大多数企业处于低碳发展的初级阶段，低碳冶炼相关的技术和人才储备不足。

③企业发展水平参差不齐。企业间存在技术壁垒，导致不同企业的低碳发展水平悬殊，不同企业的降碳空间也不同。

④短流程占比小。"高炉—转炉"长流程生产1吨钢铁约排放2吨二氧化碳，电炉短流程生产1吨钢铁约排放1吨二氧化碳。我国电炉钢成本竞争力总体偏弱，与发达国家差距较大，工艺流程结构优化仍面临障碍。

从机遇来看，低碳发展将带来新的机遇：

①助推我国钢铁行业构建更高水平供需动态平衡。严格执行产能置换，严控新增产能，推动企业兼并重组，深入推进布局优化。

②进一步优化工艺流程结构。不同的钢铁生产工艺流程、不同的冶炼技术路线，碳排放存在较大差距。短期来看，需要优化长流程特别是高炉工艺；中期来看，则需要大力发展电炉短流程；长期来看，则需发展氢基冶炼等新型低碳冶炼技术。

③持续推动技术革命，促进智能化升级。由钢铁产品研发创新到钢铁工业全流程低碳技术的集成创新，将成为钢铁工业实现碳达峰碳中和的关键举措；借助智能化系统，核心工序数据互联共享，提高能源利用效率，实现智能化碳管控。

④加快多产业协同促进环保治理。充分发挥钢铁制造流程的三大功能，构建与建材、电力、化工等多产业协同发展格局，通过能源链接，实现能源高效利用；钢化联产、钢建协同，打造循环经济产业链。

⑤深化产品全生命周期理念。生命周期评价方法可用于计算产品的碳足迹。对于企业而言，碳足迹是体现企业生产控碳水平的重要指标。生命周期评价作为一种定量化的决策分析工具，是双碳目标实现的重要技术手段。在"3060"目标约束下，中下游产品的生命周期碳评价会对钢铁原料的碳足迹提出严苛要求，倒逼钢铁行业加快低碳、绿色转型的步伐。

⑥助力钢铁行业低碳标准化工作。国家标准是质量技术基础的重要组成部分，具有明显的强制性，其也成为国家治理体系中的重要工具和手段。针对钢铁行业的能耗、排放、资源利用效率等方面，有针对性地修订资源利用、节能环保等关键技术标准，及时引导企业有序转型；在钢铁领域重点开展碳排放限额类的标准制定，将倒逼企业加快技术改革步伐，实现绿色低碳发展。

（2）钢铁产业双碳实施路径

①控制产能产量，实行总量削减，不断淘汰落后产能，提高钢铁产业的集中度，减少低附加值钢材出口量，逐步建立以碳排放、污染物排放、能耗总量为依据的存量约束机制。

②优化用能及流程结构。能源脱碳化，少用或不用化石能源，转而用电，特别是充分利用风能、太阳能等可再生能源发电。

③优化产业布局，构建绿色低碳产业生态链。统筹推进钢铁与石化、化工、建材等多行业协同降碳，以冶金炉渣建材化、城市固废资源化、环境治理生态化助推低碳循环发展。

④突破节能减排关键核心技术。进一步推进富氢高炉、全氧高炉等技术示范建设，推广新工艺、新流程、新技术。

⑤开发高性能产品，推动材料绿色化。从产品生命周期角度出发，研发新型优特钢产品，不断提高产品生命周期，推动钢铁材料的绿色化。

⑥深化智慧制造，助力生产过程绿色化。依托工业互联网和人工智能、大数据、云计算等新一代信息技术与钢铁制造技术的深度融合，构建物流标准化、制造流程化、组织扁平化的新模式，助力钢铁制造过程的绿色化。

⑦搭建国际合作平台，促进关键性技术创新。围绕钢铁生产领域的关键共性技术难题，建立国际创新合作平台。目前，中国宝武钢铁集团有限公司在这方面已迈入前列。

⑧强化制度建设和政策体系支撑。不断强化钢铁制造领域相关政策制度的建设，并严格执行，如产能置换、调整等相关政策。

（3）钢铁产业控碳技术发展

①氢还原技术。氢是低碳甚至零碳能源，如果使用氢作为还原剂，还原产物是水，这样对环境没有危害，可以实现钢铁行业的低碳绿色转型。因此，发展氢还原技术的应用潜力巨大。氢冶金技术将对传统钢铁冶炼技术带来颠覆性革命，氢在冶金领域的创新与应用，将使得钢铁冶炼摆脱对化石能源的依赖，从源头上解决二氧化碳的排放问题。采用清洁能源制取氢气，开发高炉富氢冶金技术、氢基竖炉还原技术，将逐步实现零碳排放。

②富氧燃烧技术。富氧燃烧技术采用纯氧或富氧气体混合物替代助燃空气，实现化石燃料的强化燃烧，使得燃料燃烧后形成高二氧化碳浓度的烟气，易于二氧化碳捕集和处理；其燃烧效率高，回收费用低，烟气量少，能减少脱硫脱氮环节。富氧燃烧技术作为最具潜力的二氧化碳减排的新型技术之一，已成为全球研究者关注的热点。

③二氧化碳综合利用技术。通过加入相应的辅助能量，实现碳、一氧化碳、二氧化碳循环及产品化利用，这也是比较可行的碳中和路径。目前，主要利用途径有：二氧化碳加氢制备甲醇，二氧化碳和甲烷重整，二氧化碳用于气化炉载气，利用焦炭或兰炭将二氧化碳还原利用，以二氧化碳为原料生成碳酸二甲酯，二氧化碳合成乙烯，以二氧化碳为原料生产无机化工产品。

④钢厂尾气资源化利用技术。钢厂尾气主要有焦炉煤气、转炉尾气和高炉尾气。钢厂尾气的利用主要以燃烧加热和燃烧发电为主，能量利用效率不够理想，并且会产生大量温室气体。由于钢厂尾气中的一氧化碳和氢气是羰基合成的重要化工原料，并且获取成本远低于煤造气工艺，所以利用钢厂尾气生产化工品，与常规的煤化工工艺相比，具有明显的成本优势，是钢厂尾气高效利用的有效途径。例如，利用焦炉煤气制甲醇、合成氨和尿素；转炉煤气制氨、尿素、甲酸、草酸，也可提纯一氧化碳制备乙二醇、醋酸和甲醇；高炉煤气制尿素及提高热值利用。

⑤近终型制造技术。近终型制造技术指原料直接跨过中间产品，生产部件的一种工艺技术。与传统工艺相比，其流程更短，生产效率更高，能耗及排放更低，是近代钢铁工业的一项重大工艺技术革新。近终型制造技术主要包括薄板坯连铸连轧、薄带连铸连轧、棒线材连铸连轧等。

⑥高性能钢铁产品。高性能钢铁是具有特殊的化学成分、采用特殊的生产工艺、具备特殊的组织和性能、能够满足特殊需要的钢类，主要包括合金钢、弹簧钢、工具钢、齿轮钢、轴承钢、军工钢、易切削钢、耐热钢、合金钢等多种钢铁，广泛应用于国防、军工、航空航天、现代交通等领域。高性能钢铁是突破能源、资源和环境瓶颈的重要手段，主要的生产技术有先进高温合金材料及其民用制品生产技术，超细晶粒的高强度、高韧性、强耐蚀钢铁材料生产技术，超细组织钢铁材料的轧制工艺，高洁净钢的冶炼工艺，高

强度耐热合金钢及铸锻工艺等，这些技术能够提高钢铁行业的资源利用效率，实现节能环保，促进可持续发展。

⑦非高炉炼铁工艺。非高炉炼铁工艺是指除传统高炉炼铁之外的炼铁方法，主要包括直接还原炼铁、熔融还原炼铁、粒铁法、电炉炼铁等，其典型特征在于不使用焦炭。按工艺特征、产品类型及用途来划分，非高炉炼铁可分为直接还原和熔融还原两种。直接还原炼铁工艺又可分为煤基直接还原和气基直接还原两类，非高炉炼铁在技术成熟程度、可靠性和生产能力等方面还不能与高炉炼铁相比，短期内只能成为高炉炼铁的补充，但直接还原在钢铁工业中的地位日益巩固。熔融还原具有一系列优点，包括：以非焦煤为能源，可以使用粉矿或块矿为原料，对原燃料适应性强；工艺过程可控性好；所产液态铁水适用于氧气转炉精炼；可使用高密度能量；传热传质性好，适于强化生产；生产过程简单，能耗低和适用于小型化生产等。

⑧富氢碳循环氧气高炉。富氢碳循环氧气高炉是指在传统高炉冶炼工艺中，不断提高氢或氧气的使用比例，实现以氢代碳，这样就可以大幅减少炼铁过程中二氧化碳气体排放，直至实现钢铁冶金生产过程的碳中和。例如，在中国宝武钢铁集团有限公司的支持下，新疆八一钢铁股份有限公司在2020年7月建成了富氢碳循环高炉，完成第一阶段35%富氧冶炼目标，并在2021年6月11日成功接入经过脱碳处理的八钢欧冶炉煤气。这是全球首次实现脱碳煤气循环利用的案例，标志着新疆八一钢铁股份有限公司在高炉碳减排、碳循环技术探索方面取得重大突破。

3.2.2　双碳与交通

（1）双碳对交通行业的影响

交通运输行业是国民经济和社会发展的基础性产业和战略性产业，也是应对气候变化、推动低碳发展的重要领域。改革开放以来，我国交通运输发展取得了历史性的巨大成就，实现了历史性跨越，客货运输量及周转量方面均位居世界前列。截至2020年底，我国的公路总里程已经达到519.8万公里，位居世界第二，其中高速公路里程达到16.1万公里，位居世界首位。据统计，2020年，我国机动车以及汽车的保有量分别达到了3.72亿辆和2.8亿辆，已有31个城市的汽车保有量超过了200万辆。根据我国交通领域"十四五"期间油控方案，我国交通运输行业的碳排放量大约占全国终端碳排放总量的15%以上，呈现出规模大、占比高、增速快、发展强劲等特点。绿色节能、高效便捷、互联互通将是未来交通发展的方向。

例如，2022年北京冬奥会构建低碳交通体系，规模化应用清洁能源车辆，通过智能化管理提升交通运行效率。北京冬奥会围绕"氢能出行"，开展制、储、运、加氢全供应链关键技术研发，在公交和物流等不同车型上装配氢能发动机。搭建"交通资源管理系统"，实现赛时交通服务车辆的实时监控、车辆调度、数据分析等功能，加快交通疏导速度，及时推送服务班车班次信息，提高交通服务的精准度和运输效率，以实现节能降耗。

（2）交通行业控碳技术发展

1）共享出行

汽车共享源于20世纪40年代瑞士人发明的汽车俱乐部模式，类似会员制的汽车俱乐部，为居民提供短时汽车租赁服务。该模式于21世纪初在北美和欧洲等地快速发展。关于汽车共享有两种较为普遍的学术定义，一种是合用同一辆车出行，即合乘车或者拼车；另一种是指在城市社区商业中心的人群活动聚集处，出行者共用同一辆交通工具的共享行为，并按照分时租赁的方式和多人共享汽车的创新模式开展运行。如图3.6所示为共享汽车gofun。

图3.6 共享汽车gofun

汽车共享的用户非常多元化，主要为用车频繁的公司和临时需要用车的个人。一方面，汽车共享可为已有汽车家庭提供临时性用车服务，从而抑制中心城区家庭购买第二辆车的行为。另一方面，对于无车家庭，可减缓用车频率不高、公交依赖性较大的那部分用户的购车进程，缓解因购车后的诱增出行所带来的交通压力；对于以公交出行为主的家庭，汽车共享则可替代一部分出租车功能，并从整体上减少机动车的行驶里程，从而降低能源消耗和碳排放。调查结果显示，个人因加入汽车共享而放弃购车后，每年可减少约7000公里的行驶里程，节省用车费用约3万元，并减少约2000千克的二氧化碳排放。

2）新能源汽车

我国作为能源消费大国，发展和推进新能源汽车产业是实现双碳目标的必然选择。新能源汽车是指采用非常规车用燃料，即采用非单一汽油或非柴油燃料作为动力来源的其他类型汽车。例如，纯电动汽车、燃料电池电动汽车、油电混合动力汽车、氢能源动力汽车和太阳能动力汽车等，都属于新能源汽车。在能源制约、环境污染的大背景下，我国把发展新能源汽车作为解决能源及环境问题、实现可持续发展的重大举措，各汽车生产企业也将新能源汽车作为抢占未来汽车产业制高点的重要战略方向。在政府与企业的共同努力下，我国新能源汽车行业呈现良好的发展势头。交通运输部印发的《综合运输服务"十四五"发展规划》提出，到2025年，城市公交、出租汽车、城市物流配送领域的新能源汽车占比分别达到72%、35%和20%。

在各种类型的新能源汽车中，纯电动汽车是现在和未来发展的主要方向。纯电动汽车采用单一蓄电池作为储能动力源，通过电池向电动机提供电能，驱动电动机运转，从而推动汽车行驶。纯电动汽车的优点是技术相对简单且成熟，使用方便，只要有电力供应的地方都能够对汽车进行充电；其缺点是蓄电池单位质量储存的能量太少，还未形成经济规模，购买价格较高，电池使用成本高，部分电池的使用寿命较短，等等。

①轻量化技术

采用汽车车身轻量化技术是汽车实现节能减排的最有效最直接的措施之一，是汽车工业实现双碳目标的重要手段。根据统计，汽车整车的质量减少值与每百公里耗油的关系如图3.7所示。图中数据显示，汽车的整体质量每降低10%，则平均油耗可降低6%～8%。与此同时，汽车减重不仅减少了油耗，也减少了大气中二氧化碳的排放量。车重每减少10%，二氧化碳的排放量就会减少3%。实现新能源汽车的轻量化也可以提高新能源动力转化率，并有效解决纯电动汽车续航能力不足的缺点。在发展轻量化技术的同时，要注重解决采用轻量化材料导致的汽车成本上升问题，实现轻量化汽车的规模生产，从而促进新能源汽车消费市场的扩大。当前较为成熟的轻量化实现方式是采用轻质材料，如铝镁合金、碳纤维增强复合材料等。

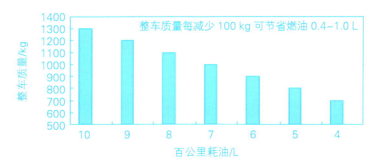

图3.7　整车质量减少与百公里耗油的关系

图片来源：李光霁和刘新玲，2020

②换电技术

在新能源汽车的使用过程中，可能会遇到包括电池容量衰减、充电桩短缺等问题，由此，换电模式应运而生。纯电动汽车有两种换电模式，分别为集中充电模式和充换电模式。集中充电模式，顾名思义，是指通过集中型充电站对从电动汽车上集中收集的电池进行集中存储、集中充电，并统一配送，然后在电池配送站内进行电池更换服务。充换电模式是以充换电站为服务载体，电池充换电站同时具备电池充电及电池更换两种功能，站内系统包括供电系统、充电系统、电池更换系统、监控系统、电池检测与维护管理系统等部分。换电模式下的电池将一直处于循环使用过程，可在一定程度上延续动力电池的使用寿命，消除电池寿命波动带来的安全隐患。换电网络运行基本结构如图3.8所示。

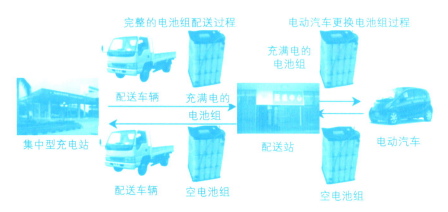

图3.8　换电网络运行基本结构

图片来源：高赐威和吴茜，2013

3）交通运行大数据技术

智能交通大数据技术是通过对海量交通监控数据、服务信息、公路干线流量等数据进行分析挖掘，并借助云端将分析结果传递至端口，让使用者快捷准确地知晓交通情况，实现智能交通管理决策的技术。智能交通大数据融合了物联网传感技术、视频采集和处理技术、数据挖掘技术等，根据交通运营管理中的路网检测监控、公众出行服务、数据综合分析等需求，结合专家系统的数学模型，对采集的路桥状态、交通路况等海量数据进行实时处理和有效分析，随时随地掌握通行状态、中断率、拥挤度等参数，实现路桥安全评估、拥堵预警、交通引导等一系列智能交通行为。智能交通大数据系统使行业管理人员能够快速评估、处理各类交通突发状况，让公众出行时能实时感知路桥安全状况和交通状态，从而达到合理利用交通资源、节约能源、实现减排的目的。

4）自动驾驶技术

自动驾驶技术是指汽车在无人操作的限定或非限定环境中，由计算机代替人类进行安全的部分自动或全自动的驾驶技术。无人驾驶汽车在行驶过程中，无须借助人工驾驶，车辆自身通过车载传感器、雷达或摄像头采集外界环境的相关数据，并将采集到的道路情况、周围车辆位置和各类障碍物等信息传输到车载电脑系统，由系统进行运算和逻辑推理，然后将结果传递给控制器，控制器发出指令到执行器，执行器改变汽车转向盘转动角度，通过油门控制速度，以此实现对车辆运行的控制。自动驾驶技术依靠传感器、计算机、人工智能和通信等技术，实现精确供油，实时感知路网环境、规划最优路径，自动控制完成驾驶任务，避免了人为不良驾驶习惯和道路不熟导致的耗油及路程增加的情况，从而大大减少二氧化碳排放量。实现自动驾驶技术的细分领域包括以下方面：

①激光雷达等传感器技术

要实现车辆自动驾驶，车辆必须先具备在行驶过程中准确获取周围环境数据的能力。激光雷达、高清摄像头和测距器等工具，被主要用于对车辆周围的环境数据采集。自动驾驶技术要求的小型化、高精度化和低成本化已成为现今激光雷达的主要发展方向。激光雷达是一种可用于车辆探测目标空间位置的主动测量设备，主要应用于车辆自适应巡航控制系统和自动紧急制动系统。激光雷达技术是自动驾驶技术的首选支撑技术，高性能的激光雷达可以极大地提高汽车的感知能力，有效规避交通危险。激光雷达包括测距激光雷达、成像激光雷达、测速激光雷达、测角激光和跟踪激光雷达等。自动驾驶车载激光雷达属于测距激光雷达，被广泛应用的测距激光雷达技术主要有脉冲式激光雷达、相位式激光雷达、光子计数式激光雷达和调频连续波式激光雷达。

②高精度电子地图技术

随着信息技术的发展，以电子地图形式存在的高精度地图技术是实现智能交通达到节能减排作用的重要基础技术。电子地图被用于路径计算、地理信息查询以及动态交通信息提醒等方面，极大地提升了人们的出行效率，是实现低碳交通行动的重要手段。高精度地图技术要求地图具有更高的精度，地图能够对交通场景中各种交通要素进行格式化存储。伴随着人工智能的高速发展与应用，更多基于位置的新型服务被提出，高精电子地图技术对传统导航地图的精度、涵盖内容、更新频率等也进行了升级换代。

③AI路径规划技术

优化的路径规划可以大大节省能源，实现节能减排。AI路径规划技术就是利用AI算法、可视图法、模拟退火法、蚁群算法、遗传算法、粒子群算法等，根据时间最短或路径最短等某种特定的优化策略，为出行者规划出从起始点到目标点的最优路径技术。AI路径规划可依据对交通环境数据的掌握程度分为两类：一类是环境地图信息已知的全局路径规划，另一类则是环境地图信息实时更新的局部路径规划。全局路径规划是AI系统预先根据全局静态地图规划出一条从起始点到目标点的可行驶最优路径，该路径规划是初始静态的。局部路径规划则是AI系统根据车载传感器、激光雷达和摄像头实时采集环境数据，借助算法生成动态环境地图，实时规划出从当前节点到下一个节点的动态变化安全路径。

3.2.3　双碳与建筑

（1）双碳对建筑行业的影响

根据数据显示，建筑行业也是全球二氧化碳气体排放的重要来源。建筑物的照明、采暖、制冷设备及装置消耗了全球大约40%的能源，这些能耗每年所排放的二氧化碳相当于全球碳排放总量的21%。我国建筑行业要实现碳中和目标，就要通过用能结构调整，即建筑用能全部电气化；通过发展清洁能源、可再生能源等改变用电方式，实现建筑用电零碳化，同时减少新建和改建过程中使用建材导致的碳排放；通过增加绿化、吸收二氧化碳等措施来平衡建筑能源使用造成的碳排放，推广应用"开源、节流、固碳"的绿色低碳技术，全面发展"超低能耗建筑、近零能耗建筑、零能耗建筑"，实现建筑"零碳"排放目标。

低碳绿色理念是建筑行业发展最重要的指导思想。低碳设计是建筑行业发展的必经之路。低碳设计的基本要求和原则包含优化能源组合、能源节约和健康环保三个方面。在双碳目标下，"绿色建筑"成为我国建筑行业实施碳减排规划和实践的新方向。建筑行业在双碳行动中，应在遵循低碳设计原则的基础上，结合发展绿色能源，使用绿色建筑技术和绿色建材，对建筑空间实行数字化和智能化的节能改造和设计，达到降低建筑物能耗的目的，打造科学的低碳节能建筑空间。

（2）建筑行业控碳技术发展

建筑行业是减排的重要领域，建筑行业应全面推进节能减排，稳步实现绿色低碳发展，加快推进生态韧性城市和绿色建筑建设已迫在眉睫。使用光储直柔、智能建筑和装配节能等技术是实现绿色建筑的重要途径。

1）光储直柔技术

光储直柔技术是发展低碳建筑的重要支柱。

光：是指充分利用建筑表面，利用太阳能光伏发电技术。太阳能光伏是利用半导体材料和太阳能电池板的光生伏打效应，将太阳能转化为直流电能的技术和设施。近年来，各国以光伏为主的再生能源产业发展迅速，太阳能光伏技术也有了巨大进步，美国最新发布的光伏组件在实验室条件下光电转化效率最高可达到47.1%。

储：是指蓄电池储存电能的技术，蓄电池可连接到建筑物附近的充电桩。随着电动车的普及，具有双向充放电功能的充电桩可将电动车作为建筑的移动储能。

直：是指内部直流配电技术。低压直流安全性好，通过直流电压变化传递对负载用电的需求，在建筑中广泛采用直流供电，可发挥直流电简单和易于控制的特点，使光伏储能灵活、高效地接入，实现太阳能在建筑行业的大规模应用。

柔：是指采用弹性负载，实现柔性用电的技术。"柔"能主动改变建筑从市政电网取电功率的能力，"柔"也是最终的目的，使建筑用电由刚性负载转变为柔性负载。

2）智慧建筑

智慧建筑是指运用了物联网（Internet of Things，IOT）、人工智能、云计算、大数据等部分或全部技术的建筑物系统。通过智能手段加强建筑生活的节能管理，实现精确掌握建筑物耗能情况，实时精准控制和调节建筑物能量供给，从而达到节能减排的目的。物联网是指通过各种类型的传感器件，并借助特定的信息传播媒介，实现物物相连，形成信息交换和共享的新型智慧化网络模式。人工智能与物联网融合将形成人工智能物联网（The Artificial Intelligence of Things，AIOT），物联网通过万物互联，其无所不在的传感器和终端设备为人工智能提供了大量可分析的数据对象，使得人工智能的节能研究落地。AIOT使建筑和生活监测系统数字化、网络化成为可能。AIOT使用人工智能帮助物联网智慧化处理所需要的节能减排的海量数据，提升其决策流程的智慧化程度，改善人机交互体验，帮助开发高节能应用，提升物联网在节能减排中的应用价值。

智能物联网通过在智能建筑内部安装无线传感器，对室内的温度、湿度、空气质量和照明情况进行实时监测，充分利用自然资源实现节能减排。从建筑内部的环境数据检测出发，通过改进传统的 BP 人工神经网络得到 NAR 神经网络，并建立 NAR 神经网络的数学模型，实现基于实测数据预测未来数据，得出专门针对此类问题的多目标优化策略。基于模糊算法和多目标优化方法，建立关于热舒适度与能耗程度的多目标优化模型，通过仿真以及对结果的分析，得出目标建筑热舒适度与能耗程度的最优区间，从而优化耗能。

通过引入物联网搭载数据挖掘、目标检测技术对建筑物及设备进行智能监控，取代传统的手工查表与人员值岗，构建实时传输的能源检测与节能管理系统，进而打造智慧物联的智慧建筑。数据的分析呈现与快速评估可结合人工智能的数据挖掘，数据挖掘是指利用算法寻找隐藏在海量数据中有效信息的过程。通过经典的预测模型、关联分析、偏差监测、分类分析、模式识别、聚类分析和序列分析，以及常用的神经网络、遗传算法、决策树方法、粗糙集方法、统计分析方法和模糊集方法等挖掘出海量数据，从中发现内在的运行规律。

3）装配节能技术

装配建筑是利用预制构件进行现场装配的建筑技术。它不仅有节能环保的先天优势，而且具有设计多样、功能全面、工厂化生产程度高等优点。装配式建筑在材料使用以及建筑结构方面都体现了节能、低碳优势，在国内外获得广泛应用。建造装配式节能建筑的流程是，首先根据设计图纸，在工厂里制造预制构件，然后运往施工现场完成建筑物组装。节能建筑结构和材料主要应用冷轧轻钢结构以及各类轻质材料，使装配节能建筑除具有节能环保的效果外，还兼有保温、隔音、防火、抗震等优点。装配节能建筑主要有砌块建筑、板材建筑、盒式建筑、升板建筑和骨架板材建筑五种形式。

3.2.4 双碳与制造

制造业是指机械工业时代对制造资源进行再造，以满足人们生产生活所需的工具、工业品与生产消费产品的行业。轻纺工业、资源加工工业和机械电子制造业在全国制造业的占比分别为31.2%、33.3%和35.5%，其中，机械制造业是衡量一个国家生产水平的重要标志，其既是国家的基础行业，也是支柱产业。我国已形成独立完整的现代化工业体系，拥有41个大类、207个中类、666个小类，是全世界唯一拥有联合国产业分类中全部工业门类的国家，表3.2所示为我国制造业31个行业。

表3.2 我国制造业31个行业

代码	行业	代码	行业
13	农副食品加工业	29	橡胶和塑料制品业
14	食品制造业	30	非金属矿物制品业
15	酒、饮料和精制茶制造业	31	黑色金属冶炼和压延加工业
16	烟草制品业	32	有色金属冶炼和压延加工业
17	纺织业	33	金属制品业
18	纺织服装、服饰业	34	通用设备制造业
19	皮革、毛皮、羽毛及其制品和制鞋业	35	专用设备制造业
20	木材加工和木、竹、藤、棕、草制品业	36	汽车制造业
21	家具制造业	37	铁路、船舶、航空航天和其他运输设备制造业
22	造纸和纸制品业	38	电气机械和器材制造业
23	印刷和记录媒介复制业	39	计算机、通信和其他电子设备制造业
24	文教、工美、体育和娱乐用品制造业	40	仪器仪表制造业
25	石油、煤炭及其他燃料加工业	41	其他制造业
26	化学原料和化学制品制造业	42	废弃资源综合利用业
27	医药制造业	43	金属制品、机械和设备修理业
28	化学纤维制造业		

注：根据《国民经济行业分类》(GB/T 4754—2017)划分。

我国已成为制造大国并朝着制造强国的方向不断迈进，结合当下发展形势，工业制造业将成为国民经济发展的中坚力量。针对我国制造业二氧化碳排放量占总排放量53.27%的实际情况，为了更好地实现国家经济和制造业的高质量发展，国家出台了关于制造业节能减排、绿色发展等一系列政策要求。

(1) 双碳对制造产业的影响

1) 面临的挑战

从挑战来看，主要有：

①体制机制障碍。当前，我国企业相当程度存在与绿色经济相违背的体制机制。环境机制尚需健全，监督体系有待完善，环境政策实施过程中弹性空间较大；价格机制的市场调节作用发挥不够，对绿色转型激励不足。

②企业意识和能力欠缺。长期以来，制造业企业的生产观念一直停留在经济成本上，绿色价值理念尚未普及。企业绿色转型能力欠缺，主要体现在资源匮乏和技术短板上，尤其是核心技术的前期积累不足，严重影响了绿色产业发展。

③消费者绿色消费意识不足。消费者的绿色消费意识和绿色消费方式，对企业绿色转型具有强大推动作用。然而，当前绿色消费的主动意识不强，陈旧的非绿色观念仍存在强大的惯性，绿色观念转型任重道远。

2) 带来的机遇

从机遇来看，低碳发展将带来以下机遇：

①新基建赋能，制造业产业转型升级新动力。新型基础设施建设，以国家战略性新兴产业、现代服务业的新需求为载体，拉动新型信息技术、高端装备制造、高端人才等高级要素的投入，成为国家创新驱动的经济转型新动力。新基建与制造业高质量发展密切相关，制造业是发展信息化、智能化、数字化的重要载体，不仅能满足产业结构升级和经济高质量发展需求，也有利于提升产业链水平和保障供应链安全，为制造业数字化转型创造更广阔的发展空间。

②国家区域协调发展战略，制造业产业链集聚新机遇。京津冀协同发展、长三角一体化发展、粤港澳大湾区建设、成渝地区双城经济圈建设等国家区域

发展战略的深入实施，区域分散狭窄市场正向国内统一的强大规模市场转变。

③构建完整的国内需求体系，培育新型消费市场，为制造业产业链各环节主体带来新的发展活力和创造力。在制造业领域，要实现经济循环流转和产业关联畅通，关键在于提升供给体系的创新力和关联性，解决关键核心技术"卡脖子"问题，贯通生产、分配、流通、消费各个环节，达到供求动态平衡。因此，亟须立足国内大循环，发挥我国制造业的比较优势，抓住强大国内市场和贸易强国建设的新机遇。

④加快建设与部署工业互联网，促进制造业数字化转型。工业互联网作为新一代网络信息技术与制造业深度融合的产物，是实现产业数字化、网络化、智能化发展的重要基础设施和关键支撑。工业互联网全面连接工业经济的全要素、全产业链、全价值链，可以有效降低突发公共卫生事件等带来的不利影响，也将促进工业企业的数字化转型升级，助力企业升级供应链管理方式，促进先进制造业与现代服务业的深度融合。

（2）制造业双碳实施路径

①加速"新基建"。新基建为制造业产业链现代化水平的提升提供了必要的底座支撑，主要围绕5G基站、数据中心、工业互联网、卫星互联网、人工智能、充电桩、特高压、高速铁路及城市轨道交通等领域进行建设。

②推进国家区域发展战略。"十四五"期间，进一步增强京津冀、长三角、粤港澳大湾区制造业发展动能，加速集聚创新要素，凸显龙头带动作用。

③提升供给体系的创新力和关联性。充分调动国内国际两种市场资源，积极促进内外供给需求、进出口贸易、招商引资和对外投资协调发展，助力制造业高质量发展。

④推进新一代网络信息技术与制造业深度融合，为提升产业竞争力、优化产业结构、推动经济高质量发展提供强劲动力。

⑤坚持自主可供、安全高效，做好供应链战略设计和精准施策。持续推进制造业领域优势产业"强链、补链"，新兴产业"固链、延链"，未来产业"建链、拓链"，促进产业链向两端延伸、价值链向高端攀升，同时推动产业链上下游企业构建产业技术协同创新体系，提升制造业集聚化、网络化、协

同化发展，加快形成世界领先的制造业产业集群。

⑥推进产品生命周期理念。对制造业而言，产品生命周期对二氧化碳排放的影响可以通过使用环保材料、碳减排生产技术和节能产品设计来缓解。例如，2017年联想在PC制造业务中使用了独创的低温锡膏（LTS）制造工艺。实践证明，低温锡膏工艺可将印刷电路板组装工艺的能耗和碳排放量减少35%。截至2021年4月，低温锡膏制造工艺已助力联想减少7500吨二氧化碳当量，相当于37平方公里森林一年可吸收的温室气体量。

（3）制造业控碳技术发展

①制造业结构升级。在技术创新的推动下，制造业从低端向高端演进。

②开发新型清洁能源。据统计，2019年中国氢能、风能和太阳能装机量分别占全球总装机量的27.25%、33.82%和35.14%，均位于全球首位。中国已成为低碳发展的开路先锋军，并在清洁能源使用方面占据领先优势。扩大清洁能源在全球的领先优势，为国内清洁能源装备企业的蓬勃发展带来机遇。

③技术创新和绿色制造。高铁、磁悬浮列车，这些与生活息息相关的运输设备都离不开技术创新与绿色制造。传统鼓风机耗能严重，在此基础上研发的磁悬浮鼓风机，具备摩擦小、智能变频和联机调控等优点，可节能30%以上。目前，已有2500台套磁悬浮鼓风机投入生产应用，初步估算可实现年节电量近10亿度，折合二氧化碳排放量近87.5万吨。

3.2.5 双碳与化工

（1）双碳对化工产业的影响

化工行业是将自然界原料变成终端消费品的"魔术台"，化工行业包含化工、炼油、冶金、能源、轻工、石化、环境、医药、环保和军工等部门从事工程设计、精细与日用化工、能源及动力、技术开发、生产技术管理和科学研究等方面的行业。该行业的二氧化碳排放环节较多，每年碳排放量占据全球碳排放量的4%，接近15亿吨。化工行业具备碳排放总量低，碳排放强度高的特点。在节能减排政策背景下，需要对耗能高、碳排放大的化工产品及生产行业进行产能调整。

结合双碳背景，化工行业的未来发展将呈现以下3个特征：

①各个产品所在行业陆续碳达峰。我国提出2030年实现碳达峰的目标，意味着在未来的发展中，企业必须改进优化生产工艺，使高能耗和碳排放量大的产品或产业优先碳达峰，低耗能的产品或产业有望获得更长的成长窗口期。

②提升化工产品竞争力，助力行业高质量发展。例如，在精细化工产品和新材料领域，开拓创新，吸引海内外资金流，获得长足发展。

③改变材料和能源的应用现状。调整能源消耗结构，减少一次性化石能源的使用，开发和大规模应用新清洁能源，并使用生物基材料制备新一代产品。

1）面临的挑战

①企业发展模式调整。对能源需求和消耗大的企业，必须把单一能源供给改成多种能源供给，加强清洁能源的使用，着重于上下游一体化、产品树多元化的发展模式。

②产业链延伸和扩张。原料型企业将进一步延伸自己的产业链，加速向下游精细化工领域布局，推进由"原料"到"材料"的转变。

③碳氢转化工艺优化升级。传统煤制烯烃、煤制甲醇、煤制合成氨、炼油等领域会受到指标限制，需用更清洁高效的方式代替。

④加速生物基材料和循环材料的发展。从化石基材料向生物基材料的化工产品生产转变是企业发展的必经之路。

2）带来的机遇

①龙头产业纵向发展。多数行业集中度较低，氯碱化工、烧碱行业、电石-PVC行业有望进一步向行业龙头集中，凭借龙头企业较高的产能弹性、较低的生产成本、较大的企业规模，扩大本行业领先优势。煤化工业将朝差异化、精细化、高端化发展，攻克技术难关，生产高端产品，走高端化、清洁化、市场化路线。

②淘汰旧产品，生产需求倒逼产业转型升级发展。未来国内随着新能源车市场占有率的提升，国内成品油需求或将承受较大压力，原油消费量的增速也在不断提升，以生产化工品为主的"小油头、大化工"民营大炼化企业或将由此迎来良好的发展机遇。

③国家政策助力产品发展。"限塑令"和"禁塑令"的实施，促进可降解塑料的生产市场进一步扩大。随着快递和外卖行业的发展，我国对一次性塑料制品消耗量逐年上涨。人们环保意识的逐渐加强以及相关政策引导，将增加可降解塑料制品的使用规模，该行业发展前景广阔。

④供给侧结构性改革。新能源、新材料等领域都将迎来发展良机，可带动上游材料的增长。高价值的生物基新材料、具有"节流"作用的化学保温材料等降耗减排材料、风电光电氢能等清洁能源相关化工材料等将迎来长期发展机会。

（2）化工产业双碳实施路径

①精细化发展。以国际化工巨头巴斯夫股份公司的发展历程为例，该公司从染料起家，不断延伸至煤化工、炼化产业、新材料业务等，形成了以行业细分领域化工产品为主的解决方案。在双碳发展背景下，转变发展思路，由复制性的扩张模式转变为多元化的产品发展模式，由向上一体化的降成本模式转变为向下精细化发展模式，值得国内化工企业学习借鉴。

②多元化发展。依托于自身技术优势，多个产业链向下游延伸，形成同一技术、多产业链协同发展的平台型企业，其中较为典型的企业为中节能万润股份有限公司。该公司依托其丰富的化学合成技术积累，在液晶材料、OLED材料、沸石环保材料、医药、半导体材料和锂电材料等多个领域均有所布局。

③平台型发展。基于同一应用场景下提供综合解决方案的发展模式也将成为未来化工行业的发展方向。例如，万华化学集团股份有限公司的产品布局思路是同一应用场景下多品类解决方案的代表。其化学产品种类虽然较为复杂，但产品发展的终端思路具有代表性，多种产品应用于汽车的内饰、外饰、结构部件和新能源汽车的电池等多个组成部分。

（3）化工产业控碳技术发展

①减少原料的碳源带入。石化行业在原料加工转化过程中，提高电力驱动的比例或者多利用轻烃、液化气等低碳原料生产烯烃及下游产品，能实现源头降碳。

②生产过程利用CCUS实现二氧化碳的综合利用。

③加大清洁能源使用力度。新能源部分替代化石能源，如光伏、风能等，实现减排目标。

④精细化控制。提高"可循环"资料的回收再利用，降低原料需求；推动炼化一体化，做到资源利用最大化，响应减排号召。

⑤绿色低碳产业供应链。淘汰落后、低效产能，加大对可再生能源资源的利用力度，积极发展生物基材料，推进重点行业和重要领域绿色化改造，加快部署二氧化碳捕集、封存和利用，开展智慧能源建设，提高能源利用效率。

⑥通过系统、工艺及设备升级提高能源利用效率，通过原料、产品结构调整实现过程降碳。

【拓展阅读】

(1) 张胜，刘茜，陈建强，等.做好加减法，当好企业"碳管家"[N].光明日报，2022-01-17(7).

(2) 刘志强.加快形成绿色低碳运输方式[N].人民日报，2022-01-14(7).

(3) 鲁刚.电力碳减排要开好局[N].人民日报，2022-01-10(11).

(4) 丁怡婷.推动能源转型 赋能绿色发展[N].人民日报，2022-01-10(11).

(5) 孔德晨.16项节能低碳国家标准外文版发布[N].人民日报海外版，2022-01-07(11).

【思考与练习】

(1) 碳在大气圈中的主要存在形式是_____，在生物群落中的主要存在形式是_____。

(2) 碳循环的进行伴随着_____，但由于各营养级生物不能利用代谢中产生的_____能，因而能量流动具有_____的特点。

（3）我国石油需求将在_____年之前达到峰值，天然气需求将在_____年左右达到峰值。

（4）钢铁制造流程具有的_____功能、_____功能、_____功能等三大功能。

（5）2022年北京冬奥会实施了"氢能出行"，在公交和物流等不同车型装配氢能发动机，氢能全供应链主要包括_____、_____、_____、_____等。

参考答案：

（1）二氧化碳；含碳有机物。

（2）能量流动；热；逐级递减。

（3）2030；2040。

（4）钢铁产品制造；能源转换；废弃物资源化。

（5）制氢、储氢、运氢、加氢。

【体验与实践】

（1）双碳背景下，各个产业都出台了自身实现碳达峰、碳中和的实施路径，请分析所给出的实施路径中，行业管理部门所发挥的作用是什么？

（2）各个行业的控碳技术中，主要有哪些共性技术？这些共性技术背后有待解决的关键科学问题有哪些？

（3）对比全国主要行业的碳排放数据，各个行业的碳排放占比是怎样的？分析判断哪些行业最容易实现碳达峰，哪些行业最容易实现碳中和？

4

双碳
与关键技术

双碳与关键技术

【学习目标】

> **知识目标**：了解碳捕集、碳转化、碳封存、碳监测与碳智慧的概念及其对于实现碳中和目标的重要性。
>
> **素质目标**：养成采用碳捕集、碳转化、碳封存、碳监测、碳智慧等技术实现碳中和目标的双碳思维，树立科技创新意识。
>
> **能力目标**：能够运用常见的控碳技术，根据实际应用领域和场景需求，设计规划基于碳捕集、转化、封存、监测与智能技术的碳中和实施路径。

【情景导入】

二氧化碳发电？我国真实现了！

2021年12月8日，我国自主研发建造的国内首座大型二氧化碳循环发电试验机组完成72小时试运行，在西安华能试验基地正式投运。二氧化碳循环发电试验机组，看上去比传统的水蒸气机组小了不少。它身体里流动的不再是水和蒸汽，而是二氧化碳。循环利用二氧化碳驱动发电机发电，与传统蒸汽发电相比具有三大优势。一是体积小，同等装机容量，二氧化碳发电机组体积只有蒸汽机组的1/25；二是效率高，在600℃温度下，发电效率比蒸汽机组高3至5个百分点；三是污染小，采用二氧化碳机组的燃煤电厂，单位发电量碳排放强度可减少10%。这台由我国华能集团历经7年自主研发制造的二氧化碳循环发电试验机组，攻克了近千项技术难题，核心设备国产化率达到100%，申请专利超过400项。它的成功投运，不仅可以提升火力发电效率，还可以作为调峰电源，促进风电、光伏发电等清洁能源的消纳利用。

华北电力大学校长、中国工程物理学会副理事长杨勇平说，二氧化碳循环发电在世界上属于前沿领域。它的灵活性好，可以快速启停，快速变负荷，这对于消纳新能源是非常有利的。专家介绍，未来，二氧化碳循环发电技术还将进一步应用于灵活火电、高效光热、核电、储能等领域，为推动构建以新能源为主体的新型电力系统提供技术支撑。

资料来源：微信公众平台"参考消息"，2021

本章将从技术链的角度出发，重点介绍碳循环、碳捕集、碳转化、碳封存、碳监测与碳智慧的原理和技术，及其对实现碳中和目标的重要性，帮助读者建立常用双碳技术实现碳中和目标的知识体系架构和思维方式，根据实际应用领域和场景需求，设计规划基于常规控碳技术的碳中和实施路径。

4.1 碳循环

4.1.1 碳循环概述

碳是地球上所有已知生命形式的基本元素，占生物干重的50%。碳元素以无定形碳、石墨和金刚石等形式存在于自然界中。生命因生物圈的能量流动得以维持，其能量主要来源于太阳辐射，植物以光合作用的方式，通过循环碳使能量流动。

碳循环宏观上是指自然界中碳元素的循环状态。生物圈中碳循环的展现形式为绿色植物从空气中固定二氧化碳，通过光合作用生成葡萄糖并释放氧气，有机生物再将葡萄糖合成为更高级的有机化合物，新的有机化合物在食物链中逐级传递，成为其余动物及微生物组成的一部分。生物体中的部分碳水化合物作为有机体代谢能源，在呼吸作用下放出能量的同时，氧化生成二氧化碳和水。简而言之，地球宏观层面的碳循环就是大气中的二氧化碳被海洋和陆地上的植物通过光合作用固定生成生物质，生物质通过生物、地质活动或者人类活动，又再次被以二氧化碳的形式释放并返回大气中。其内部过程主要包括了自然生态系统内部的碳循环以及海洋、陆地、大气之间的碳循环。全球碳循环示意图如图4.1所示。

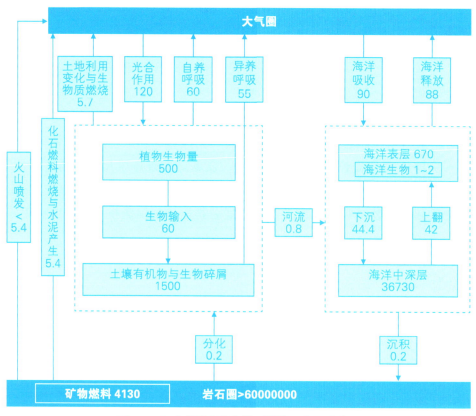

图4.1　全球碳循环示意图（单位：十亿吨/年）

图片来源：微信公众平台"零碳工厂"，2021

自然生态系统的碳循环：绿色植物通过光合作用，将空气中的二氧化碳以碳水化合物形式固定在体内，经食物链向上传递形成动物体内的碳水化合物。此外，动植物的呼吸作用会将摄入体内的有机物部分转化为二氧化碳，排放到大气中，剩余部分则由生物自身储存下来；在动植物死亡后，微生物通过分解作用将大部分动植物残体转化为二氧化碳，释放到大气中，少部分残体在被微生物分解前就被沉积物掩埋，在漫长的地质变迁作用下，转化为化石燃料（如煤、天然气、石油等）。当化石燃料被使用或风化时，其内部的碳再次转变为二氧化碳回归到大气中。

大气、海洋、陆地之间的碳循环：二氧化碳可以在大气与海水中交换，这种碳交换行为大多数发生在海水和大气交界处。此外，二氧化碳也会溶解在雨水和地下形成碳酸，通过径流或地下暗河，最终汇聚到海洋中。碳酸盐在沉积作用下不断形成白云石、石灰石及碳质页岩等。这些矿物岩在物理化学作用下，其内部的碳在风化后又将以二氧化碳形式排放到大气中。

全球碳循环则近似于地球自身的能量流动，是由物理、化学和生物过程连接起来的碳储存场所内部的碳交换，整个碳循环由多个嵌套的循环路径组成。全球碳循环包括自然生态系统、人类和工业系统的新陈代谢。全球大气中的二氧化碳大约20年实现一次完全更新，属于碳的地球生物化学循环，控制了地表或近地表中碳在大气、海洋、沉积物及生物圈之间的迁移。植物将太阳能转化为有机碳分子中的化学能，有机碳分子为环境能量的进化和利用提供了生化机制，环境能量是生命的本质属性。碳是构成植物组织主要成分的六种元素（C、H、O、N、P和S）之一，地球上的生命依赖于它在不同时间尺度上的循环，这些变化和转移在大气、海洋、动植物、土壤、岩石和沉积物之间进行，循环时间尺度范围从秒尺度（例如，通过光合作用将大气中的二氧化碳固定为碳水化合物和其他植物生物量）到地质时间尺度（例如，通过成岩过程积累化石碳）。

数百万年来，大气中二氧化碳通过风化、硅酸盐岩石、海洋植物沉积藏碳等方式被去除。风化作用使二氧化碳在较暖的地球温度下，以$CaCO_3$的形式被封存在沉积岩中，或者在地球变冷时向大气释放，使地球气候在地质时间尺度内保持在狭窄的温度范围内。然而，一旦受到干扰，地球气候将需要数十万年才能通过其自然的碳循环平衡来修复。

4.1.2　碳循环原理及技术

（1）碳循环中的基本概念

碳循环是碳元素在地球的生物圈、岩石圈、水圈及大气圈中交换，并随着地球运动不断循环的现象。碳循环由碳固定和释放两部分组成，前者主要是植物从大气中吸收二氧化碳的过程，称为碳汇；后者主要是二氧化碳再释放的过程，称为碳源。森林碳汇指森林植物在光合作用下将空气中的二氧化碳吸收并固定在土壤与植物中；林业碳汇指通过植树造林、减少林业毁坏、保护和恢复森林植被等活动，强化对大气中二氧化碳的吸收和固定。

（2）全球碳循环

碳固定主要包括有机碳固定、无机碳固定和人类科技碳固定3种。有机碳固定，主要通过植物光合作用完成。无机碳固定，主要通过成岩过程形成石灰岩、白云石和碳质岩完成。人类科技碳固定，主要通过地下深层埋藏、高温高压反应等方式完成。全球碳循环过程如图4.2所示。

碳释放包括：

①有机体碳释放：即动植物通过呼吸作用将体内的有机物转化为二氧化碳释放到大气中，在生物体死亡后，微生物通过分解作用将生物残体中的有机物转化为二氧化碳释放到大气中。通过光合作用，平均每7年实现一次大气二氧化碳和陆地生物圈的交换。

②化石燃料碳释放：天然气、石油和煤等化石燃料燃烧时，其中的碳氧化成二氧化碳排入大气。大量化石燃料燃烧对碳循环产生了严重影响，全世界每年燃烧煤炭、石油和天然气等化石燃料，以及水泥生产等释放到大气中的碳为 5.3×10^{12} 千克。

③在物理、化学因素作用下，石灰岩、白云石和碳质页岩不断被分解，岩石内部的碳以二氧化碳形式再次释放到大气中，尽管碳质岩分解产生的二

氧化碳对碳循环影响程度较低，但对于全球百万年时间尺度中的碳平衡却显得尤为重要。

④大气、河流和海洋之间的二氧化碳交换：此类交换主要发生在水与气交界面。两者间的碳交换在风力和海浪搅拌作用下增强，且不同方向流动的二氧化碳量大致相等，大气与河流和海洋之间碳交换量为 1.02×10^{15} 千克。

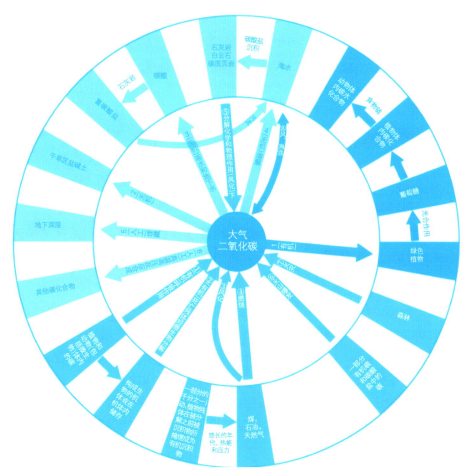

图4.2　全球碳循环过程示意图（①～⑧为碳释放过程，1～6为碳固定过程）

图片来源：姜联合，2021

（3）二氧化碳捕集、固定与利用

全世界每年向大气中排放二氧化碳数百亿吨以上，陆地生态系统吸收约7亿吨，海洋生态系统吸收约20亿吨，而人工利用量不足10亿吨。在此背景下，实现二氧化碳减排已成为行业共识。一般而言，碳捕集与封存（CCS）技术可有效捕获排放源中的二氧化碳，然后将其永久性储存在合适的场所。

1）空气中直接捕集二氧化碳

空气中直接捕集二氧化碳（Direct Air Capture，DAC）技术，是一种回收利用分布源排放的二氧化碳技术，能够处理交通、农林、建筑等行业分布式排放的二氧化碳。该技术在1999年由阿拉莫斯实验室（Los Alamos National Laboratory）的Lackner为缓解气候变化而提出的。由于空气中二氧化碳浓度明显低于固定源二氧化碳浓度，DAC概念提出后，遭到广泛质疑。随着科研人员对DAC的方法和材料不断研发，已发展为一种可行的二氧化碳减排技术。空气中二氧化碳通过吸附剂被捕集，完成捕集后的吸附剂通过改变热量、压力或温度进行再生，再次用于二氧化碳捕集，而纯二氧化碳则被储存起来。

2）二氧化碳固定技术

发达国家主要以二氧化碳的固定与地质埋存作为二氧化碳减排的手段，如图4.3所示，二氧化碳的固定可分为生物法、物理法和化学吸收法。

①生物法吸收二氧化碳

工业革命以前，地球大气层中的温室气体含量保持稳定，二氧化碳浓度一直处在（180~289）×10^{-6}，此时在生态系统中，植物的光合作用是吸收二氧化碳的主要手段。生物法吸收二氧化碳具有可持续性和自然性，整个过程的维持仅需日光、环境温度及食物源（碳）。虽然生物法对于二氧化碳吸收有较好的可持续性，但整体过程局限性（必须通过光合作用）明显，若要针对工厂的集中处理排放，则需投入更多的场地和费用，极大地限制了它的应用。

②物理法吸收二氧化碳

主要是利用水、甲醇、碳酸丙烯酯等溶液作为吸收剂，利用二氧化碳在此类溶液中的溶解度随压力改变的特性，来实现二氧化碳的吸收或解吸。物理吸收法主要有催化燃烧法、膜分离法、变压吸附法（PSA），需要低温高压条件，具有二氧化碳处理量大、吸收剂无热源再生、无设备腐蚀性等优点。

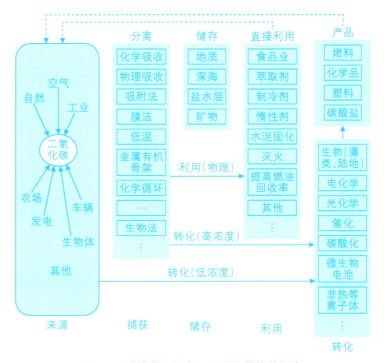

图4.3 碳捕获、储存、利用和转换的概念

图片来源：王建行等，2020

③化学法吸收二氧化碳

生物吸收法受限于光合作用和气液间传质，而物理吸收法需要较高二氧化碳分压时才适用，两种方法对于工业应用来说比较难以实现。化学吸收法具备选择性好、吸收效率高、能耗及投资成本较低等优点，应用最为广泛，在二氧化碳捕获技术中是最为成熟的，90%的脱碳技术都是采用该法。典型的化学溶剂吸收法有：氨吸收法、热钾碱法及有机胺法等。众多学者将氨吸收法、热钾碱法和有机胺法这3种方法进行了综合比较，包括吸收速率、气液平衡等，发现有机胺法效果最为显著。

3）二氧化碳封存与利用技术

关于二氧化碳封存与利用技术，在后续章节会进行详细叙述，这里简单概括相关方法。大规模储存与固定仍然是二氧化碳减排的主要途径，主要包括地质储存、海洋储存及矿物碳酸化固定。然而传统的地质储存有泄漏及破坏贮藏带的矿物质的风险，甚至改变地层结构，海洋储存运输则是成本高昂且对海洋生态系统有潜在影响，这使得研究者们的目光转向矿石碳化。

①二氧化碳矿石碳化

矿石碳化是利用存在于天然硅酸盐矿石（如橄榄石）中的碱性氧化物，如菱镁矿（$MgCO_3$）和方解石（$CaCO_3$），将二氧化碳转化为稳定的无机碳酸盐，主要是模仿自然界中钙/镁硅酸盐矿物的风化过程，以此实现二氧化碳的矿石碳化。现有技术存在二氧化碳矿化反应速率低、反应条件苛刻、产物附加值低等问题，导致二氧化碳矿化技术难以实现工业化。为了避免矿化的巨大影响，中国工程院院士谢和平和外国学者分别提出不同的二氧化碳矿化利用，认为真正解决二氧化碳末端减排的固碳技术应该开展二氧化碳捕获和利用方法，特别是利用富含镁、钙、钾、硫等人类所需资源的天然矿物或工业废料与二氧化碳反应，将二氧化碳封存为碳酸钙或碳酸镁等固体碳酸盐，同时联产高附加值的化工产品，是二氧化碳利用的新途径。

②海水碳固定和利用技术

虽然固体矿物已有多种选择，但仍有必要利用可能出现的新机会，以促进CCU技术发展。与固体材料相比，富含 Mg^{2+}/Ca^{2+} 的水溶液可以节约 Mg^{2+} 和 Ca^{2+} 浸出过程的操作成本。因此，通过富含 Mg^{2+}/Ca^{2+} 的水溶液进行矿化可能成为解决二氧化碳问题的另一种有前景的方法。尤其是海水/浓海水对二氧化碳的利用非常具有吸引力，因为它能够同时解决两个问题，一方面能解决二氧化碳的固定，另一方面还能解决来自海水淡化厂的海水预处理或卤水废弃物问题。

4.2　碳捕集

4.2.1　碳捕集概述

（1）定义

二氧化碳捕集是指将二氧化碳从工业生产、能源利用或大气中分离的过程，主要分为燃烧前捕集、燃烧后捕集、富氧燃烧和化学链捕集，还有生物质燃烧后捕集、直接空气捕集等。

碳捕集与封存（Carbon Capture and Storage，CCS）技术是指将二氧化

碳从工业或相关排放源中分离，输送到封存地点，并长期与大气隔离的过程。二氧化碳捕集、利用与封存（CCUS）技术是CCS技术新的发展趋势，是指将二氧化碳从排放源中分离后或直接加以利用或封存，以实现二氧化碳减排的过程。CCUS技术具有很大的发展空间，被国际能源机构誉为"连接现在和未来能源的桥梁"。CCUS与新能源协调配合发展，是实现碳中和目标的重要技术保障。

（2）全球CCUS概述

不同研究机构对CCUS在不同情景中的减排贡献评估结果差异较大。2030年，CCUS在不同情景中的全球减排量为1亿~16.7亿吨/年，平均为4.9亿吨/年；2050年为27.9亿~76亿吨/年，平均约为46.6亿吨/年。

截至2020年，全球共有65个商业CCS设施，其中正在运行的有26个，暂停运行的有2个，在建设施有3个，已经进入前端工程设计阶段的有13个，处于开发早期的有21个。

其中，中国正在运行及建设中的CCUS设施约为40个，捕集能力达到300万吨/年。主要分布在19个省份，捕集源和封存利用的类型具有多样化的特征。大多数以石油、煤化工、电力行业小规模的二氧化碳捕集及驱油项目为主，缺乏大规模的多种技术组合的全流程工业化CCUS设施。其中，有13个涉及电厂和水泥厂的纯捕集项目，二氧化碳捕集能力超过85万吨/年；有11个二氧化碳驱油与封存项目，总体规模达到182.1万吨/年，其中驱油项目中二氧化碳的利用规模约为154万吨/年。二氧化碳捕集源主要为燃煤电厂、煤化工以及水泥等行业。

双碳背景下中国CCUS技术的需求空间不断增大，预计2030年为0.2亿~4.08亿吨，2050年为6亿~14.5亿吨，2060年为10亿~18.2亿吨。

4.2.2 碳捕集原理及技术

碳捕集技术是指将二氧化碳从固定排放源中分离捕获的一种技术，主要的固定二氧化碳排放源包括水泥和钢铁生产、化石燃料制氢、垃圾焚烧和发电等行业。下面对燃烧前捕集、富氧燃烧捕集、燃烧后捕集三种技术进行简要介绍。

（1）燃烧前捕集

燃烧前二氧化碳捕集技术，主要应用于整体煤气化联合循环（IGCC）系统。在高温高压状态下，将燃料与水蒸气、氧气混合通入气化炉中，在气化炉中通过脱碳分解生成氢气和一氧化碳，再经过冷却和催化转化，最终生成以二氧化碳和氢气为主的水煤气，通过分离、提纯、压缩等工艺，二氧化碳被分离捕集，氢气则可作为燃料再利用。

（2）富氧燃烧捕集

富氧燃烧捕集技术采用高纯度的氧气（摩尔分数为95%～99%）代替空气与燃料进行充分燃烧，并将烟气进行循环燃烧，最终生成以水和二氧化碳为主的烟气，再排入冷却系统，通过处理即可得到高纯度的二氧化碳。富氧燃烧技术的优势在于二氧化碳易于分离、无须添加溶剂、设备所需空间更小；其劣势在于难以获取大量高纯度氧气、燃烧室需耐高温。另外，富氧燃烧捕集二氧化碳尚有部分技术需要深入研究，包括燃烧机理、烟气有毒物的排放、烟气循环系统等。

（3）燃烧后捕集

燃烧后捕集主要是指在燃料燃烧后，利用各种吸收液从燃烧产物中分离捕集二氧化碳。常见吸收液为单乙醇胺（MEA），分离过程温度需保持在150℃。吸收液释放二氧化碳后，还可重复利用。

4.3　碳转化

4.3.1　碳转化概述

碳转化技术是利用二氧化碳在特殊条件下，通过其他物质的综合作用，用化学方法、物理方法、生物方法等将二氧化碳重新转化为碳水化合物的技术。二氧化碳虽然是最主要的温室气体，但它本身也蕴含着巨大的价值。可以将二氧化碳作为资源利用，从而减缓大气中二氧化碳浓度的提升速度。

二氧化碳用途广泛，可以通过化学方法将其转化为多种产品，如建筑材料、燃料、聚合物、化学品等。碳转化涉及的领域包括物理应用、化学应用和生物应用等。人们最为了解的物理应用就是二氧化碳应用在啤酒、碳酸饮料中；可以作为三次采油的驱油剂；二氧化碳还可以应用于焊接工艺中作为保护气体；人们还将液体或固体二氧化碳用于食品蔬菜的冷藏或储运中。

化学应用方面主要表现在无机和有机精细化学品、高分子材料等的研究应用上，比如，以二氧化碳为原料合成尿素、生产轻质纳米级超细活性碳酸盐；用二氧化碳催化加氢制取甲醇；以二氧化碳为原料合成一系列有机原料；利用二氧化碳与环氧化物共聚生产高聚物；还可以将二氧化碳转化为一氧化碳，从而发展一系列羟基化碳化学品等。

生物应用方面包括以微藻固定二氧化碳，转化为生物燃料、生物肥料、食品和饲料添加剂等。

4.3.2 碳转化原理及技术

当今的二氧化碳转化利用技术较多，在实际应用时，需要结合行业应用领域的具体情况，结合不同处理技术特点，实现变废为宝，提高二氧化碳转化利用效率，将节能减排理念付诸实践。

（1）二氧化碳矿石碳化利用

矿石碳化就是模仿自然界中钙/镁硅酸盐矿物的风化过程，利用天然硅酸盐矿石中的碱性氧化物，将二氧化碳转化为稳定的无机碳酸盐，实现二氧化碳的矿石碳化。

有研究者通过对富 Mg^{2+}/Ca^{2+} 体系中碳酸盐平衡的理论分析发现，提高水溶液pH值可以增强自然条件下不会发生的碳酸化反应。据分析，海水中超过90% 的 Ca^{2+} 和 Mg^{2+} 可以通过沉淀的形式转化为 $MgCO_3$ 和白云石（$MgCa(CO_3)_2$），1立方米的天然海水可以固定约1.34立方米或2.65千克二氧化碳。不仅可以实现二氧化碳的永久固定，还可以产生大量的碳酸盐副产物。研究者考察了不同条件下二氧化碳在 CO_2 海水体系中的溶解平衡过程，以及氧化镁、氢氧化镁、白泥为碱源的固碳脱钙过程，其中以氧化镁为碱源的固碳脱钙效果和经济性最好。

（2）二氧化碳转化为农业利用

二氧化碳作为一种随处可得的廉价原料，被广泛应用于蔬菜和瓜果等的保鲜和粮食的贮藏上。人们将二氧化碳注入现代化仓库内，可以有效避免粮食、蔬菜的腐烂，延长食物的保存期限。二氧化碳在农业方面的应用表现在：使蔬菜、粮食被二氧化碳包围，在高浓度二氧化碳作用下，蔬菜、粮食处于缺氧状态，可大大减少氧化作用的发生。再加上二氧化碳具有的抑制细菌繁殖作用，可以有效防止食物中细菌、虫子以及霉菌的生长，减少过氧化物的含量，提高食品的安全性。除了存贮和保鲜食物外，还可以直接将适量的二氧化碳注入温室大棚，植物通过根部吸收二氧化碳，提高农作物的光合作用效率，加快植物生长速度，在一定程度上缩短农作物生长周期，同时增加产量。二氧化碳还经常被用于人工降雨，来满足干旱环境下农作物灌溉要求，原理是利用飞行器在高空喷洒固态的二氧化碳，二氧化碳与空气中的水蒸气结合迅速冷凝，形成降雨，从而解决农作物的干旱问题。

（3）二氧化碳转化为化工利用

二氧化碳在化工行业中的应用由来已久，用二氧化碳合成尿素，利用二氧化碳生产阿司匹林，制造脂肪酸等，这些技术都已经比较成熟。人们开始尝试引入多种新型技术和工艺，使二氧化碳在化工领域具有更大的应用前景。二氧化碳被用于化工生产中，将二氧化碳合成天然气、丙烯等低级烃类，或者将其合成高分子单体，并与二元、三元共聚等，用来生产高分子材料。利用二氧化碳与甲烷反应，即：$CO_2+CH_4 \rightarrow 2CO+2H_2$，可以生产富含一氧化碳的合成气体，从而对天然气蒸气转化法制合成气存在的氢过剩问题进行优化。利用二氧化碳与甲醇发生化学反应，生成碳酸二甲酯，已经被广泛应用于现代绿色化工原料的生产。二氧化碳化学转化技术的研究，已经突破了光催化法反应器问题和光催化剂以及反应产物分离问题，使二氧化碳与甲醇直接合成碳酸二甲酯的过程中产生光催化作用，提高反应物利用效率。

（4）二氧化碳转化为医学利用

二氧化碳在医学领域经常被用于人体的辅助呼吸功能。通过二氧化碳对人体呼吸进行有效刺激，刺激人的体外化学感受器，促使人体的呼吸中枢快速兴奋，缓解呼吸困难。病人因为长时间吸入纯净氧气，导致身体和血液内的二氧化碳浓度过低，也会存在呼吸停止风险，危及生命。临床医学上，医院通常选择利用5%的二氧化碳加上95%的氧气生成的混合气体，来作为对一氧化碳中毒、休克病人以及碱中毒病人的治疗手段之一。二氧化碳在医学领域的另一项应用，就是作为低温手术的常用制冷剂。

4.4 碳封存

4.4.1 碳封存概述

（1）定义

二氧化碳封存是指通过工程技术手段将捕集的二氧化碳进行压缩埋存或储集，实现二氧化碳与大气有效隔绝。根据封存位置不同可划分为陆地封存和海洋封存；根据地质封存体不同可划分为咸水层封存、枯竭油气藏封存等；根据封存原理或者作用过程不同可划分为物理封存和化学封存。习惯上，二氧化碳封存划分为地质封存、海洋封存、化学封存三种方式。

（2）全球碳封存潜力

根据研究，全球陆上理论封存容量为6万亿~42万亿吨，海洋理论封存容量为2万亿~13万亿吨。其中，咸水层封存方式占据主导位置，其封存容量所占比例达到98%；枯竭油气藏由于存在完整的构造、详细的地质勘探等基础资料，是二氧化碳封存的适宜场所。

中国地质封存潜力为1.21万亿~4.13万亿吨。油藏封存方面，通过二氧化碳驱油协同二氧化碳封存可以实现约51亿吨的二氧化碳封存量。气藏封存方面，通过将二氧化碳注入枯竭气藏，可实现约153亿吨的二氧化碳封存量。另外，通过注二氧化碳提高天然气采收率并协同二氧化碳封存，可实现约90亿吨的二氧化碳封存量。咸水层封存方面，中国深部咸水层的二氧化碳封存容量约为2.42万亿吨。

以上简要介绍了全球及中国的二氧化碳封存潜力，表4.1为世界主要国家及地区的二氧化碳封存潜力，以及与之对应的二氧化碳排放量统计数据。可以发现，理论封存潜力能满足二氧化碳排放所带来的封存需求空间。

表4.1　世界主要国家及地区CCUS地质封存潜力与二氧化碳排放

国家或地区	理论封存容量 / 百亿吨	2019年排放量 / 亿吨	至2060年二氧化碳累计 排放量估值/ 百亿吨
中国	121~413	98	40
亚洲（除中国）	49~55	74	30
北美	230~2153	60	25
欧洲	50	41	17
澳大利亚	22~41	4	1.6

数据来源：蔡博峰等，2021

（3）碳封存资源商业化

挪威的北极光项目和澳大利亚的CarbonNET项目是二氧化碳封存资源商业化的两个具有代表性的项目。为便于未来用户支付二氧化碳运输和封存费用，这两个项目都开展了发现和评估地质封存的前期工作。

美国石油工程师协会（SPE）开发了一套封存资源管理系统（SRMS）。通过该系统，可以实现封存资源的成熟度和不确定性评估，支持与CCUS商业设施相关的投资决策。

4.4.2　碳封存原理及技术

向地下注入并埋存二氧化碳并不是一个简单的物理过程，还涉及地下固定化、逸散等问题。二氧化碳封存一般分为地质封存、海洋封存、化学封存三种方式。其中，地质封存是公认的有效且直接的二氧化碳封存手段。下面将对三种封存方式逐一进行介绍。

（1）地质封存

地质封存是指将高纯度二氧化碳输送并注入地下地质层，实现永久封存。事实上，已发现有二氧化碳气藏，存在了数百万年，这证实地质封存二氧化碳是可行的，也是可靠的。根据封存地质层的不同特征，地质封存主要包括枯竭油气藏封存、深部咸水层封存和煤层封存。

1）地质封存原理

二氧化碳在地层中主要以三种状态存在：气态、溶解态和矿物态。气态指二氧化碳注入地层后以气体形式封存于地层；溶解态指二氧化碳注入地层后，经过一定时间的反应，溶解于地层流体并被封存起来；矿物态指二氧化碳注入地层后，与地层流体、矿物质等发生反应转变成固体矿物被永久封存起来。二氧化碳以三种不同状态进行封存，实际上蕴含着不同的封存机理。

①构造地层封存机理/水动力封存机理

利用地质体上覆盖层的不渗透性，阻止二氧化碳纵向及横向的运移，从而使其有效封存于圈闭内部，这种封存机理即为构造地层封存机理。如果封存体没有完全封闭，而是依靠侧向水体压力起到封存作用，这种封存机理即为水动力封存机理。

②毛细孔封存机理

液态二氧化碳与地层流体具有不同的润湿性，在地层岩石多孔介质中将会产生极强的毛细管力作用，从而将二氧化碳束缚在多孔介质中，这种封存机理即为毛细孔封存机理。

③溶解封存机理

在一定的温度和压力作用下，二氧化碳可溶解于地层流体，从而达到封存的效果，该机理即为溶解封存机理。

④矿物封存机理

二氧化碳、地层流体、地层岩石，三者会发生耦合反应。主要作用机理在于二氧化碳溶解于地层流体后会改变地层流体的pH值，pH值的改变打破了地层流体原有的平衡状态，使得地层岩石矿物发生酸化溶解反应，形成新的碳酸盐矿物而沉淀固化，即矿物封存机理。矿物封存可实现二氧化碳的长期、有效封存，其封存能力取决于地层流体组分及岩石矿物组成。

2）地质封存场所

①枯竭油气藏封存

枯竭油气藏，在前期勘探开发过程中已经形成了完善的地层资料，且已有丰富的井网，为二氧化碳封存的研究、评估等带来了先天便利，是封存二氧化碳的理想场所。该技术是非常成熟的封存技术。

②深部咸水层封存

深部咸水由于不能饮用而失去开发价值，但是在溶解封存机理和矿化封存机理作用下，它又是二氧化碳封存的理想场所。同时，咸水层的封存潜力巨大，据统计可封存全球2015年以前二氧化碳排放量的20%~500%。

③煤层封存

煤层是孔隙极其发育的多孔介质体系，二氧化碳进入煤层后具有比煤层气高出2倍的吸附性能。因此，将二氧化碳注入煤层后，不但能起到将煤层气排出的效果，还能将二氧化碳吸附在煤层中，起到封存的效果。

（2）海洋封存

广袤的海洋，由于其体量巨大，无疑是二氧化碳天然的大储库。海洋封存二氧化碳主要有以下几种方式：一是将压缩的二氧化碳注入深海，依靠海水压力进行封存；二是将二氧化碳注入海底沉积层中，将其封存在海底沉积层的孔隙体系中；三是通过二氧化碳竞争吸附置换开采海底天然气水合物实现二氧化碳的封存；四是利用海洋自身的生态循环系统，吸收和储存二氧化碳。海洋封存二氧化碳成本高，是否环保也存在争议，尚需进一步深入研究与实践。

（3）化学封存

化学封存是利用化学反应将二氧化碳转化成无机矿化物从而实现二氧化碳的永久固化与封存。事实上，美国和欧盟等国家及地区，早在2012年就开始在冰岛等地实施化学封存。冰岛的火山喷发在地下形成了广泛分布的玄武岩，这种岩石富含钙、镁、铁，易与二氧化碳发生反应生成固化碳酸盐矿物。研究显示，所注入的二氧化碳中90%以上不到两年的时间即被固化而达到永久封存的目的。

4.5　碳监测

4.5.1　碳监测概述

众所周知，二氧化碳是导致全球气候变暖的最主要因素之一，但是如何确定二氧化碳的排放区域、排放量及其去向呢？这就需要用到碳监测。碳监测是指通过综合观测、数值模拟、统计分析等手段，获取温室气体排放强度、环境中浓度、生态系统碳汇以及对生态系统影响等碳源汇状况及其变化趋势信息，以服务于应对气候变化研究和管理工作的过程，学术界称之为温室气体监测。

2016年12月22日，我国首颗全球二氧化碳监测科学实验卫星在酒泉卫星发射中心成功发射，该卫星搭载有我国科研人员自主研发的高光谱与高空间分辨率二氧化碳探测仪、多谱段云与气溶胶探测仪等探测设备。首颗全球二氧化碳监测科学实验卫星的成功运行，标志着我国的碳监测技术达到了国际先进水平。

根据监测对象及目的不同，碳监测主要分为三类：大气背景浓度监测、主要生态系统温室气体通量监测、典型温室气体排放源监测，下文将进行简要介绍。

4.5.2 碳监测原理及技术

（1）大气背景浓度监测

对大气中的二氧化碳等温室气体进行浓度监测，旨在掌握大气中温室气体浓度的空间分布及其变化趋势。主流的监测技术包括非色散红外法、气相色谱法、傅里叶变换红外光谱法、光腔衰荡光谱法、可调谐半导体激光吸收光谱法等。

1）非色散红外法

对于非对称双原子或多原子分子结构的气体（二氧化碳、甲烷等），在中红外波段均有特征吸收光谱，其吸收关系服从朗伯-比尔（Lambert-Beer）定律。例如二氧化碳分子振动时对 $4.26\mu m$ 波长的红外辐射吸收最为强烈。红外光源发出的红外辐射被吸收池中环境气体样品充分吸收后，经过一个窄带滤光片滤波，把 $4.26\mu m$ 之外的红外能量滤除，再由红外探测器接收，最后对数据进行计算及处理，即可得出二氧化碳浓度。

2）气相色谱法

多组分气体进入色谱柱后，由于固定相对不同气体的吸附力不同，各类气体在色谱柱中的运行速度也会不同，吸附力弱的气体最先离开色谱柱进入检测器，而吸附力强的气体最后进入检测器，各种组分依据这种原理在色谱柱中彼此分离，按顺序进入检测器并被检测及记录下来，从而得到浓度值。

3）傅里叶变换红外光谱法

利用该方法测量时，红外光源经准直后成平行光射出，经过一定的光程穿过待测气体，透射光由入射光阑进入干涉仪后汇聚到红外探测器上，由红外探测器测量得到干涉图，干涉图经傅里叶变换被转换为光谱，由此得到目标区域的吸收光谱，从而得到相应气体的浓度值。

4）光腔衰荡光谱法

光腔衰荡光谱法是一种吸收光谱检测技术，测量光在光腔中的衰荡时间，衰荡时间仅与衰荡腔反射镜的反射率和衰荡腔内介质吸收有关，而与入射光强的大小无关。针对样品气体，在获得衰荡时间差后，经过计算与处理，可得到二氧化碳等不同温室气体的浓度值。

5）可调谐半导体激光吸收光谱法

可调谐半导体激光吸收光谱法测量温室气体的原理是利用可调谐半导体激光器波长扫描特性，在低压下获得二氧化碳等温室气体的特征吸收光谱，由二次谐波测量得到浓度值。

6）其他常用方法

质谱法：使用质谱仪对样品中的碳同位素进行分析，可以用于确定二氧化碳等气体的来源和变化过程。

激光雷达法：利用激光雷达技术，通过测量大气中的二氧化碳浓度来进行碳监测。

声波法：利用声波传播的速度和频率变化来测量大气中的二氧化碳浓度，从而实现碳监测。

无人机遥感技术：利用无人机搭载的遥感设备，通过对地表和大气的高分辨率图像进行分析，可以获取区域性的碳排放监测信息。

（2）生态系统温室气体通量监测

通过测量植被—大气的二氧化碳、甲烷和水汽通量可以实现对生态系统的碳源、碳汇功能进行评价。生态系统温室气体通量监测技术和方法有清查法、箱式法、遥感反演法、涡度相关法等。其中，涡度相关法具有能够长期连续观测大气间的物质和能量通量等指标的优点，应用较为广泛。

（3）典型温室气体排放源监测

根据排放机理及排放特征，温室气体排放源主要包括锅炉、窑炉、交通、工业生产、垃圾填埋、污水处理、畜禽养殖等。虽然温室气体排放具有排放源类型多、排放机理复杂等特征，但其监测方法大致可以分为两类：物料衡算法和现场监测法。物料衡算法，即在统计排放源的温室气体物料投入量基础上，依据排放源的化学反应原理进行换算得到温室气体排放量。现场监测法，即在样品采集基础上，通过室内测试或现场实时监测得到温室气体排放量。

4.6 碳智慧

4.6.1 碳智慧概述

人工智能技术是解决复杂系统问题和精准决策问题的有效措施。通过运用具备强大学习能力的AI技术加强碳排放预测，可为未来碳减排工作和低碳经济转型提供决策依据，助力我国双碳目标的实现。

碳智慧就是以人工智能为核心，利用物联网、大数据、数字孪生和区块链等智能技术合力建立低碳和无碳智能系统及数字化解决方案，推动低碳清洁能源生产和应用，降低碳排放以实现由高碳向碳中和的演变。应用智能技术实现优化能源调控和利用，让用户更好地了解和管理能耗，进而指导政策制定、场景打造等环节。如图 4.4 所示为智能技术助力双碳目标的总体思路。

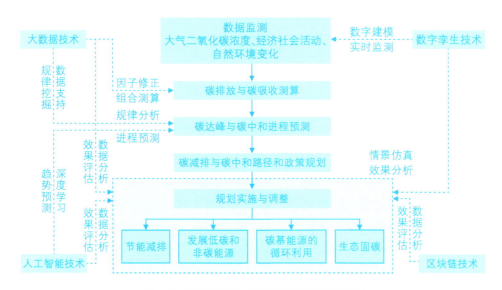

图4.4 智能技术助力双碳目标的总体思路

图片来源：陈晓红等，2021

4.6.2 碳智慧原理及技术

（1）AI碳排放监测

人工智能与物联网的发展，使碳排放监测体系更加完善。各城市可以通过智能传感器近距离感知、卫星遥感实现远距离观察和测量，并进行数据采集，利用机器学习和人工智能算法对碳排放数据进行分析和挖掘，从而实现对碳足迹跟踪、学习和预测的模型构建，有效助力碳排放预测和优化碳排放活动。

碳排放监测能为碳排放预测提供有效的数据支撑，为实现绿色低碳的碳排放工作提供有力的保障。

企业利用人工智能驱动的大数据平台来跟踪碳足迹，从企业运作的各个环节收集数据，在数据处理方面，利用人工智能生成缺失数据的近似值，消除不一致的数据和噪声，从而提高采集数据的准确性。

城市监测碳排放常用的方法为结合大数据、云计算等技术，利用深度学习、知识图谱等人工智能技术，构建城市级双碳监测平台，实现对城市运行各领域二氧化碳排放数据的监测、统计，实现碳配额的统筹，通过基于节能降碳目标的分析管理，全方位跟踪和反馈各领域节能减排目标达成情况，有效支撑城市节能减排和绿色用能评估。

（2）AI碳排放预测

与传统节能减排主要强调减少碳消费以及使用可再生能源方式不同，基于人工智能的方法则是寻求另一条绿色发展的路径：即通过信息技术和智能技术的革新，实现经济效益和社会效益的双赢局面。

利用人工智能算法可以预测各个区域碳足迹和未来碳排放量，并将当前的减排情况、新的减排计划和今后需求关联起来，实现更精确的决策支持，帮助政府和相关部门准确设定和调整该区域节能减排的目标。国内常用BP神经网络、支持向量机、LSTM等算法来构建模型对碳排放量进行预测。首先根据不同行业或领域采集到数据进行输入，然后采用人工智能技术进行预测模型的构建，并将预测结果以可视化的方式呈现，政府部门根据预测的结果调整减碳行动。人工智能融合碳中和行动系统结构如图4.5所示。

中国不同地域在发展阶段、气候条件、人均GDP等方面都有着巨大差异，随着科技进步，碳排放测算过程中涉及的影响因素越来越多，常用的方法是针对不同区域对各种影响因素进行研究分析，将影响因素分为正影响和负影响两类，虽然这些影响因素能够给预测模型提供丰富的输入数据，但是数据的获得与统计也向传统统计学方法提出了挑战。人工智能算法能够与趋势外推、灰度关联等方法相结合，根据人工智能模型强大的数据分析能力，可以从大量影响因素中学习其发展规律，对各因素对碳排放的影响进行重要性分析。人工智能算法能够避开许多传统条件的限制，通过深度神经网络结构层挖掘变量之间潜在的非线性关系，从而提高未来碳排放量的预测精度。根据波士顿咨询公司的报道，使用人工智能可以有效帮助社会减少26亿~53亿吨的二氧化碳排放量，占减排总量的5%~10%。

图 4.5　人工智能融合碳中和行动系统结构图

图片来源:南方都市报,2021

（3）碳智慧案例分析：智慧能源

　　智慧能源是充分开发人类的智力和能力，通过不断的技术创新和制度变革，在能源开发利用、生产消费的全过程和各环节融汇人类独有的智慧，建立和完善符合生态文明和可持续发展要求的能源技术和能源制度体系，从而呈现出的一种全新能源形式。智慧能源不仅包括能源开发和利用技术，还包括能源生产和消费制度；不仅包括传统能源的改造技术，更包括新能源的发现和利用技术。

1）智慧能源实现途径

实现智慧能源的途径有：管理系统、数据分析和数字孪生。

管理系统：管理系统的主要目的是实现调度，保障系统的安全和高效率运行，提高用户使用的可靠性和经济性。基于人工智能技术的调度方法在平台组合优化和系统协作优化上具有传统管理系统不具备的优势。

数据分析：构建在物联网、云计算、大数据技术之上，运用机器学习、深度神经网络的方法进行数学建模，预测和优化生产使用模型，实现节能减排。如利用太阳能发电厂的生产数据，对发电量进行预估，利用城市各区域用电数据，分析用电高峰期及需求关系等。

数字孪生：数字孪生是利用模型构建、物联网搭建，收集和存储历史数据，采集运行数据，通过虚拟现实（VR）和增强现实（AR）技术在虚拟空间中实现仿真过程，完成从实体到虚拟平台的映射。虚拟平台上可同步反映出相对应的实体生产和消费的全生命周期。数字孪生就是在实体设备或系统的基础上，创造一个数字版的"克隆体"，达到同步现实，并可在双向通道上实现控制和对问题的发现并予以解决。

2）智慧能源应用场景

智慧能源小镇：是智慧城市概念向城镇建设的应用延伸，以能源互联网为基础支撑，能源系统与城市基础设施深度融合，满足各项需求。典型特征是多元互动（能源产品多元化、互动化，服务城市居民个性需求）、柔性适配（能源产品模块化，灵活适配小城镇特色化用能）、智能高效（能源产销智慧化，实现多种能源产品集约协同）、数据驱动（能源产品运营数字化，实现能源产品精准供给）、清洁低碳（能源绿色生产消费一体化，能源系统与城市空间一体化）。智慧能源小镇是智慧城市的基础单元。

电网智慧化升级：包括交直流混合配电网，配网带电作业机器人，分布式/移动式储能系统，集中式储能电站，配电物联网。

智慧用电互动服务：智能量测系统（智能电表上传用户数据分析并提供准确用电情况及节能建议），电动汽车与电网互动，虚拟电厂（分布式能源管理系统将分散的清洁能源、可控负荷和储能系统合并为一个特殊的电厂参与电网运行，以协调智能电网、分布式能源、用户负荷间的矛盾）。

综合能效与品质提升：建筑冷热电联供，高品质分级供电，相变蓄热供暖，直流智能楼宇。

能源管理系统：综合能源标准化采集，分布式能源站互联，用户侧能源物联网，智慧能源管理平台。

城市能源大数据中心：城市用电供电数据采集分析，制定策略。

综合能源服务中心：能源技术与互联网技术融合，升级优化能源服务业务、模式和生态。

能源与建筑集成融合：零能耗智慧建筑（通过建筑设计减少供暖冷光热需求，充分利用可再生能源），绿色能源公共设施一体化。

4.7 双碳与未来技术

4.7.1 下一代通信技术与双碳

数字新基建将成为新时代的耗能大户。5G 及下一代通信技术是数字新基建产业发展的重要推动力量之一。5G 及下一代通信技术快速发展，意味着能源消耗剧增，推动 5G 及下一代通信技术发展实现双碳目标已成为行业共识。5G 及下一代通信技术促进降碳的措施包括以下三个方面：

①5G 及下一代通信技术基站自身的节能降碳，需要缩减数字基础设施的设备生产制造阶段与建设过程的能耗与碳排放。利用新型材料提升基站集成度，积极引入太阳能光伏、自然冷源利用等节能技术。采用智能关断、闲时休眠的模式，建立基站能耗智慧管理平台，实现精准控电、精确用电、远程操控、智能减排。

②通过 5G 及下一代通信技术数字化技术赋能双碳行业推进数字化转型实现增效减排，助力电力系统全面升级利用 5G 基站储能参与电网调节。将 5G 应用到输电线路在线监测、变电站巡检、源网荷储协调控制等业务中。通过 5G 及下一代通信技术与能源互联网融合，实现高能量密度、宽温稳定性、快速充放电等功能，能够赋予整个网络和电力系统新的特性。

③利用5G及下一代通信技术开启未来能源高效时代，支持未来电池发展，改变高能耗产业老旧生产模式。我国已开始加强5G及下一代通信技术与智能电池的融合发展，为未来新能源汽车产业发展布局。有了5G及下一代通信技术的支持，未来电池不仅能做到基础储电供电能力，还将拥有分布式电源集成与接入、多电源网络配置实现电流双向流动与动态监测能力，从而提高电池的全网传输速率与效能利用能力。

4.7.2　元宇宙与双碳

根据清华大学沈阳教授给出的定义，元宇宙是整合多种新技术而产生的新型虚实相融的互联网应用和社会形态。它基于扩展现实技术提供沉浸式体验，以及数字孪生技术生成现实世界的镜像，通过区块链技术搭建经济体系，将虚拟世界与现实世界在经济系统、社交系统、身份系统上密切融合，并且允许每个用户进行内容生产和编辑。元宇宙主要有以下几项核心技术：

一是包括VR和AR在内的扩展现实技术。采用扩展现实技术的目的是提供沉浸式的体验，解决手机体验感存在局限的问题。

二是数字孪生技术。数字孪生技术能够将现实世界镜像到虚拟世界，这意味着元宇宙可以提供多个接口，帮助我们实现对同一主体的观测和控制。

三是区块链技术。区块链技术将作为元宇宙技术的经济体系建设保障，利用智能合约、区块加密和分布式存储功能实现和加强元宇宙在虚拟平台中与现实世界中平行的经济体系。

面对"元宇宙现象"这种时代趋势，在基于国家双碳行动的节能减排大背景下，节能减排将成为"元宇宙"发展的突破口和发展重点之一。在"元宇宙"架构下，工业领域节能减排将以技术为基础，以工业能耗优化管理为首要目标，布局构建出一种全新的低碳节能生态，通过物联网、人工智能和5G及下一代通信等先进技术构建智能云平台控制系统，实现"元宇宙"场景深度布局。利用数字孪生全天候监测数据动态，通过虚拟终端或手持设备，同步掌握和控制元组状态。结合大数据和人工智能技术进行深度数据分析与挖掘，在线上线下和虚实之间全方位为节能减排提供技术支撑。

【拓展阅读】

（1）庄贵阳，王思博，窦晓铭，等．生态文明建设与"双碳"行动逻辑[J].青海社会科学，2022(4): 10-19.

（2）刘良云．全球碳盘点，卫星来帮忙[N].光明日报，2022-04-28 (11).

（3）李红梅．我国建成温室气体及碳中和监测核查支持系统可准确跟踪监测二氧化碳排放量[N].人民日报，2021-12-23 (13).

（4）齐芳．我国已具备全球空间碳监测能力[N].光明日报，2021-08-18(8).

（5）周利梅，王珍珍．"双碳"战略下中国区域科技创新研究[J].经济研究参考，2023(3): 56-66.

（6）冯芷琪．聚焦"双碳"目标 共谋绿色发展[N].中国有色金属报，2023-11-16(8).

（7）肖贵玉．"双碳"目标下制造业转型升级推进路径[J].智慧中国，2022(2): 24-25.

（8）潘浩之，施睿，杨天人．人工智能在城市碳达峰、碳中和规划与治理中的应用[J].国际城市规划，2022, 37(6): 26-34.

【思考与练习】

（1）从现有的技术条件及其未来的发展前景看，下面哪项不是针对火电厂排放二氧化碳进行捕集的较成熟的主要碳捕集技术？

A.燃烧后脱碳　　　　B.燃烧中捕集　　　　　　C.富氧燃烧捕集

（2）碳转化涉及的领域主要包括哪些方面？

A.物理应用　　　　　B.化学应用　　　　　　　C.生物应用

（3）碳封存可分为哪几种方式？

A.地质封存　　　　　B.海洋封存　　　　　　　C.化学封存

（4）碳循环过程中，大气中的二氧化碳大约多少年可完全更新一次？

A.10　　　　　　　　B.20　　　　　　　　　　C.30

（5）AI碳排放监测是通过智能传感器近距离感知和_____，利用人工智能监测平台对碳排放进行综合分析，实现对碳足迹的跟踪、学习、模拟等，有效助力碳排放预测和优化碳排放活动。

A.人工观察　　　　　B.卫星遥感远距离观测　　　　C.手持检测设备

（6）5G及下一代通信技术快速发展的同时，也意味着能源消耗＿＿＿？

A.减少　　　　　　　B.不变　　　　　　　　　　　C.剧增

（7）什么是碳智慧？

（8）什么是碳监测？

（9）碳捕集技术的应用现状及未来发展趋势是什么？

（10）碳转化技术在哪些领域中具有广泛的应用前景？

（11）地下封存、海洋封存和矿物化封存三种碳封存方式各有哪些优缺点？

（12）碳智慧在实现低碳经济方面有哪些优势和挑战？

（13）碳排放监测技术如何提高准确度和实时性？

（14）5G及下一代通信技术如何降低能源消耗？

参考答案：（1）B；（2）ABC；（3）ABC；（4）B；（5）B；（6）C；（7）—（14）略。

【体验与实践】

（1）请结合自身专业领域，运用本章所学双碳关键技术，设计一个简单可行的节能减排方案。

（2）请根据相关高校的建筑和资源利用特点，围绕节能技术、水资源保护、太阳能利用等，开展高校校园节能减排综合应用和实践研究。

（3）根据生活经验和本章学到的知识，请思考如何综合利用碳资源，促进资源的可持续利用。

5

双碳
与经济发展

双碳与经济发展

【学习目标】

知识目标：了解碳交易、碳贸易、碳金融及碳税的概念及实践模式。

素质目标：把握碳交易、碳贸易、碳金融及碳税的国内外发展水平。

能力目标：对碳交易、碳贸易、碳金融和碳税等发展趋势有一定预见性，能够利用碳交易、碳贸易、碳金融和碳税等手段，设计实现碳中和的市场或政策手段。

【情景导入】

源自碳交易的企业盈利：特斯拉

为应对持续的气候危机，《京都议定书》提出利用市场机制控制以二氧化碳为代表的温室气体的排放作为解决气候危机的新路径，碳交易应运而生。在汽车市场上，欧盟要求汽车制造商控制其排放目标，否则会因为温室气体排放量超标产生巨额罚款。特斯拉抢占了汽车市场碳交易的制高点，利用其先进的技术分别与其他汽车公司合作，帮助它们实现欧盟的排放目标，盈利颇丰。2020年，特斯拉全年营收315亿美元，净利润达7.21亿，首次在单年实现盈利。其中，通过碳交易获得的收入达到15.8亿美元，是净利润的

220%。2021年前10个月，特斯拉已从碳交易中获利约11.5亿美元。

特斯拉在中国汽车市场上也表现不俗。2017年8月，中国工业和信息化部发布《乘用车企业平均燃料消耗量与新能源汽车积分并行管理办法》。该管理办法实行"燃料消耗量积分"和"新能源汽车积分"的双积分政策。管理办法强调，乘用车企业新能源汽车积分，为该企业新能源汽车积分实际值与达标值之间的差额；实际值高于达标值产生正积分，低于达标值产生负积分。燃料消耗正积分可以用来抵消负积分，如果抵消后仍是负积分，就需要购买其他车企的新能源汽车正积分来冲抵。据悉，特斯拉有大量碳积分在中国市场上出售。

资料来源：凤凰网汽车频道，2021

伴随着全球气候问题的日益突出，许多国家提出了"无碳未来"的美好愿景。2021年，双碳目标正式写入中国政府工作报告，强调未来中国要走一条生态优先、绿色低碳的"双碳经济"高质量发展道路。"双碳经济"是以实现国家双碳目标为导向，以绿色新发展理念为指导，以先进低碳技术为支撑，以产业低碳化转型和低碳产业发展为内涵的新型经济发展形态，是中国经济社会高质量发展的必由之路。相较传统经济发展方式而言，"双碳经济"涉及到农业、制造业、服务业、社会治理的方方面面，将通过不断培育低碳产业新业态，以及加速产业领域尤其是工业领域低碳化转型发展等，助推经济社会各领域生产力、生产关系与生产方式的根本性变革。

在《源自碳交易的企业盈利：特斯拉》中，特斯拉对新能源汽车的技术改进和发展，不仅有效地降低了二氧化碳的排放，还通过碳交易市场获得了不菲的利润。那么，什么是碳交易？碳交易的模式、相关制度有哪些？碳交易市场发展怎样？在经济发展中，除了碳交易外，还有哪些重要的降碳控碳手段？这些都是"双碳经济"发展中的重要内容。我国正处于工业化、城镇化加快推进时期，产业和区域经济发展不平衡、不充分问题仍十分突出，实现双碳目标时间紧、任务重，亟须采取一系列行之有效的降碳、控碳经济政策措施。世界范围内与降碳、控碳相关的经济行为包括碳交易、碳贸易、碳金融和碳税等。其中，碳交易、碳贸易是企业之间、国与国之间通过市场行为互通有无实现碳排放权的交易；碳金融是确保碳交易和碳贸易顺利开展的重要金融支撑；碳税是国家税收中基于碳排放权而征收的部分。碳交易和碳金融侧重于降碳控碳的市场手段，碳税则侧重于降碳控碳的政府行为。

5.1　碳交易

5.1.1　碳交易的概念

碳交易又称碳排放权交易，是把碳排放权看作一种商品纳入市场机制管理。一般来说，碳排放权交易建立在国家统一发放配额的基础上，主要市场主体包括政府配额管理部门、控排企业、配额富裕企业和核证减排企业及其他中介服务或金融支持机构等。碳交易的基本原理如图5.1所示。

图5.1　碳交易的基本原理

碳交易必须建立在价值规律基础上。碳价包括理论的市场均衡碳价、既定政策目标下的合理碳价及现实市场价格三种形态。现实市场的碳价水平一般会受到政策干预、价格预期、市场资金量、履约周期等多种因素影响，通常呈现非均衡价格形态。

碳交易是修正经济活动中负外部效应的重要手段。外部性是经济主体的活动对他人或社会造成的非市场化影响，包括正外部性和负外部性。任何经济主体生产活动中产生的二氧化碳等温室气体，将导致全球气候变暖等问题出现，却不需要支付任何成本，这是一种明显的负外部性。为了校正这种负外部性，需要将环境成本内化到排放主体的成本结构中，这通常需要依靠政府力量来完成：一是通过行政管理，由政府直接规定企业排放配额并纳入碳交易市场管理；二是政府对所有排放主体统一征税。

碳交易将调整控排企业行为，从而达到优化产业结构的目的。对碳排放额富裕的企业来说，将通过革新技术或争取自愿减排认证等形式优化企业发展质量。对于控排企业来讲，可能采取不同的行为：一是当使用减排技术或购买碳排放权的成本均大于因超额排放产生的罚款时，控排企业会选择超额排放并接受罚款；二是当企业使用节能减排技术的成本低于因超额排放产生的罚款和购买碳排放权的成本时，控排企业会选择使用节能减排技术；而当购买碳排放权的成本小于超额排放的罚款和使用节能减排技术的成本时，企业则会主动参与碳交易。

碳交易政策的实施具有一定的福利效应，从总体上来说，碳交易具有正的福利效应。对于配额富裕的企业来说，可以通过出售碳排放配额获得收益；对于超额排放企业来说，尽管会支付一定的碳排放成本，但可以因此而间接推动技术革新，或者获得超额生产带来的效益，从而带来福利改善。对整个社会来讲，碳交易可以推动企业更积极地研发或采用环境治理技术，以达到控碳降碳目的，使环境质量大为提升。从政府层面来讲，碳交易可以通过提取一定的交易佣金或者通过拍卖碳交易配额等获得收益，进而持续地投资环境基础设施建设。

5.1.2　碳交易的基本框架及产品模式

国际上碳市场的交易方式主要有两种：基于配额的交易和基于项目的交易。

基于配额的交易，是在相关机构确定温室气体排放配额的情况下，纳入减排管理的国家、组织或企业按照所获得的排放配额而进行的碳交易形式。

基于项目的交易，是对纳入减排管理的国家、组织或企业，由在技术或资金等领域具有优势的国家、组织或企业提供资金、技术及设备给相对落后的国家、组织或企业，通过技术革新等获得减排额度，并按照减排额度进行交易的市场运行形式，如图5.2所示。

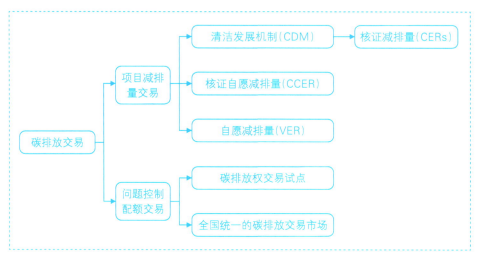

图5.2　碳交易市场的基本运行形式

国内碳交易市场建设从2011年10月开始，通常分为三个发展阶段：

第一阶段为2011—2016年，处于地方碳交易市场试点阶段。2011年10月，国家发展改革委办公厅发布《关于开展碳排放权交易试点工作的通知》，确定碳排放交易的试点城市。2013年，我国正式启动碳排放交易的试点工作，先后在北京、上海、天津、重庆、湖北、广东、深圳、福建8省市启动碳排放交易试点。

第二阶段为2017—2020年，是全国碳市场的建设、模拟与完善阶段。2015年中美元首气候变化联合声明提出，将于2017年开始建设全国碳排放交易体系。2017年12月，国家发展改革委发布《全国碳排放权交易市场建设方案（发电行业）》，标志着全国碳市场总体设计完成并正式启动。

第三阶段为2021年以后，主要特征为全国统一碳市场开始施行。2021年1月，《碳排放权交易管理办法（试行）》指出，由生态环境部组建全国碳排放权注册登记机构和全国碳排放权交易机构。2021年7月，全国碳排放权交易市场正式开启上线交易，其中上海环境能源交易所负责建设交易系统，湖北碳排放权交易中心负责建设登记结算系统。2023年10月，生态环境部、市场监管总局联合发布《温室气体自愿减排交易管理办法（试行）》，对自愿减排交易及其相关活动各环节作出规定，明确项目业主、审定与核查机构、注册登记机构、交易机构等各方权利、义务和法律责任以及管理部门责任。

国内碳交易市场运行机制包括清洁发展机制（CDM）和国家核证自愿减排量（CCER）两种主要形式。CDM是指发达国家或地区通过对自愿加入减排的发展中国家提供资金或者技术等形式的支持，减少发展中国家温室气体的排放量，这些减排量被核实认证后成为核证减排量（CERs），可用于发达国家履行承诺的减排额。CCER是指对我国境内可再生能源、林业碳汇、甲烷利用等项目的温室气体减排效果进行量化核证，这些核证减排量在国家温室气体自愿减排交易注册登记系统中登记后可上市交易。如表5.1所示，CDM与CCER有较明显的差异，两种机制下的项目开发程序也有所区别。CCER项目开发流程为：项目文件设计→项目审定→项目备案→项目实施与监测→减排量核查与核证→减排量备案与签发；CDM项目开发流程为：项目文件设计→东道国政府审查并批准→项目审定→项目注册→项目实施与监测→减排量核证→减排量签发。

表5.1　CDM与CCER机制比较

差异特征	CDM清洁发展机制	CCER核证自愿减排机制
应用市场	国际市场	中国市场
外资准入要求	外资不得占多数股权	无外资要求
时间条件	开工后6个月必须备案	开工后备案
开发流程	由清洁发展机制执行理事会签发	由生态环境部签发
项目分类	可扩展规划项目类，利于小微项目	对大型项目和小微项目无区别
开发成本	CDM项目高于CCER项目，包括注册项目费用及项目所属国家管理费用等	

5.1.3　碳配额管理制度

碳配额分配是碳排放交易制度设计中与企业关系最密切的环节。中国实行碳排放配额管理制度，主要包括：第一，将年度碳排放量达到规定规模的排放单位纳入配额管理，鼓励其他排放单位自愿申请纳入配额管理。第二，由碳交易主管部门依据国家控制温室气体排放的约束性指标，结合当地经济增长目标等因素确定年度碳排放配额总量，并据此制定配额分配方案。第三，配额分配方式以免费分配为主，有偿分配为辅，其中有偿分配的配额采用拍卖或者固定价格的方式出售。第四，碳配额继承按照两种应对方式进行：企业合并时，由合并后的企业继承其配额；企业分立时，其配额由分立后拥有排放设施的单位继承。

碳排放权交易的最后一个环节是配额清缴制度。它是碳排放权交易的重要环节。所谓碳配额清缴制度，是指纳入减排义务的企业在规定时间内，依据经主管部门审定的上一年度碳排放量，通过登记系统，足额提交配额，履行清缴义务。如图5.3所示，配额清缴制度决定了控排企业之间需要通过碳排放交易来完成配额清缴义务。当纳入单位当年减排量不足以履约时，可通过交易的方式购买配额进行履约；当配额有结余时，可放到碳市场用于配额交易或在下一年度使用。同时，纳入单位可以将一定比例的CCER用于配额清缴，以抵消单位实际碳排放量。这个比例在不同的试点地区有所不同，总的来说，用来抵扣的CCER部分不得超过应清缴碳排放配额的5%。

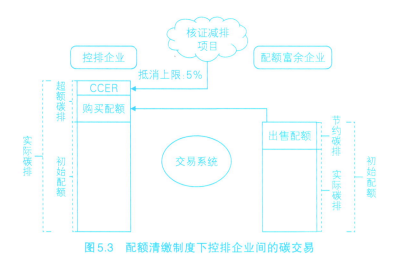

图5.3 配额清缴制度下控排企业间的碳交易

图片来源：国泰君安证券研究所，2021

MRV机制是碳配额管理制度得以执行的重要保障。所谓MRV机制是指监测核算（Monitoring）—报告（Reporting）—核查机制（Verification）。MRV机制强调，试点地区应在每年4月底前提交碳排放核查报告，在5月底至6月底间完成履约。有效的MRV机制必须建立在科学的碳排放监测机制、高效履约的核查机构以及合理的履约违规处罚机制等基础上。一般而言，针对MRV履约违规的处罚机制包括罚款、纳入信用记录、控制审批新增项目、取消财政支持、纳入国企绩效评估等。这些处罚机制的合理制定和施行，将确保碳配额管理制度有效执行。

5.1.4　碳交易市场

自2005年欧盟启动全球首个碳交易市场以来，国际碳市场规模不断扩大。据世界银行报告，截至2022年初，全球已有39个国家、23个地区建立了碳交易市场。主要的碳交易市场体系包括《京都议定书》框架下的欧盟碳排放交易体系、新西兰碳排放交易体系、日本东京都碳排放交易体系、美国加利福尼亚州碳排放交易体系、哈萨克斯坦碳排放交易体系和韩国碳排放交易体系等。

中国碳交易市场经过10年的试点和统一市场建设也日益活跃。截至2022年初，国内碳交易市场二氧化碳排放配额累计成交量约为8495万吨，累计成交额约35.14亿元。如表5.2所示，中国碳交易市场的交易方式呈现出多元化发展特征，衍生了挂牌协议交易、大众协议交易及单向竞价等多种方式。

表5.2　三种碳交易方式比较

交易方式	挂牌协议交易	大宗协议交易	单向竞价
申报数量	最大申报数量应小于10万吨二氧化碳当量	单笔买卖最小申报数量不小于10万吨二氧化碳当量	交易主体向交易机构提出卖出申请→交易机构发布竞价公告→符合条件的意向受让人按照规定报价，在约定时间内通过交易系统成交 交易机构根据主管部门要求，组织开展配额有偿发放时适用单向竞价相关业务规定
成交价格	上一个交易日收盘价的±10%之间确定	上一个交易日收盘价的±30%之间确定	
交易规则	价格优先原则，对手方实时价格中最优的五个价位内依次完成交易	双方就交易数量、价格等要素协商一致后确认成交	
交易时段	每周一至周五 9：30—11：30、13：00—15：00	每周一至周五 13：00—15：00	由交易机构公告

中国碳交易市场的建设仍存在一些重要的问题亟须重点关注和优化，包括：第一，国际碳交易定价权掌握在发达国家手中，中国在全球碳市场中话语权较小；第二，国内碳排放权交易市场制度不够完善，价值评估体系薄弱，碳金融产品创新不够；第三，试点地区的碳市场发展不均衡，碳价发展预期不明显；第四，配额分配可能存在"寻租"行为，交易监管机制尚不完善；第五，国内碳金融市场交易规模相对较小，缺乏社会资本参与；第六，市场交易产品单一，参与交易行业少，经营主体在交易市场中积极性不高。

针对这些问题，可以从宏观和微观两个层面重点发力来优化国内碳交易市场建设。宏观策略包括加快能源改革、支持减排技术创新、优化配额发放机制、优化宏观金融环境、完善环境资源税、碳排放权长期储备等。微观发展策略也可以从如下几个方面入手：第一，扩大碳交易体系的行业覆盖范围，实现更大幅度的温室气体减排；第二，引导市场交易主体多元发展，推进碳现货交易和多种衍生品交易；第三，打造智慧碳交易平台，结合人工智能、大数据、区块链等技术，科学设计多层次的金融衍生品；第四，构建相关数据库，充分利用传感器和物联网监测技术，实现对碳排放的精准测算；第五，政府相关部门通过大数据系统对碳减排数量进行核查，制定精准碳配额；第六，保持碳价的稳定上升趋势，激励低碳技术的投资与应用；第七，形成国内科学的碳价格决定机制，增强在国际碳市场的定价权和话语权。

5.2 碳贸易

5.2.1 碳贸易的概念

碳贸易（Carbon Trade），指二氧化碳排放权的跨国（或跨境）交易。工业化以来，巨大的二氧化碳排放量造成全球变暖。二氧化碳排放的负外部性凸显，全球对二氧化碳排放总量的控制也越发紧迫。在此背景下，二氧化碳排放权的稀缺属性也显现出来。在一系列机制设计下，二氧化碳排放权成为可交易的商品。当前，以欧美为代表的发达经济体正推动立法，拟征收碳边境调节税。碳边境调节税的本质是向欧美发达国家购买二氧化碳排放权，底层逻辑是在地球上任何一处地方排放二氧化碳都将导致全球气温上升。与碳贸易紧密相关的两个概念是碳泄漏和碳转移。

碳泄漏（Carbon Leakage），指发达国家温室气体的减排将增加发展中国家的排放量。发达国家采取二氧化碳排放的限制措施，比如碳排放权配额。为了降低成本，发达国家二氧化碳高排放产品的生产会转移到其他没有采取二氧化碳排放限制措施或限制较为宽松的国家。发达国家可以实现其排放目标，而全球碳排放总量可能会增加。由于不同国家排放相同数量的二氧化碳对全球气候变化的影响相同，且二氧化碳对气候变化的影响不存在区域差异，碳泄漏可能会使全球二氧化碳减排的预期目标难以实现。碳泄漏是一个跨界外部性问题，成为发达国家对发展中国家征收碳关税等边境调整措施的重要依据。

碳转移（Carbon Transfer），是一个发达经济体（国家）和发展中国家有不同理解和诉求的概念。发达经济体认为碳转移就是上文提到的碳泄漏，是发展中国家承担碳关税的理由。发展中国家认为的碳转移，通常也称为"隐含碳排放"（Embodied Carbon Emission），是指由于发达国家消费需求或投资需求引起发展中国家碳排放增加的部分。比如，发达国家购买发展中国家生产的钢材用于基础设施建设，这些钢材在发展中国家的生产过程中产生的二氧化碳，是由于发达国家的基础设施建设需求引起的。发展中国家认为，发达国家也应为这类二氧化碳排放承担一部分减排责任。

5.2.2 碳边境调节税

碳边境调节税，又称为碳边界调整机制（Carbon Border Adjustment Mechanism，CBAM）。从世界各地公布的信息来看，最早征收碳边境调节税的是欧盟。欧盟征收碳边境调节税是为了实施其绿色新政。欧盟委员会于2019年12月11日推出《欧洲绿色协议》（简称"绿色新政"），要求2030年欧盟的温室气体排放量相比1990年减少55%，2050年在欧洲境内实现碳中和。这是欧盟实现温室气体减排目标战略的核心政策。欧盟委员会公布的"Fit for 55"一揽子计划的名字即源于此（减排55%的目标）。

欧盟委员会于 2021 年 7 月发布了欧盟碳边境调节机制的立法草案，作为"Fit for 55"应对气候变化一揽子计划中的一部分，并正式启动相关立法程序。根据该立法草案，欧盟计划从 2026 年起对从碳排放限制相对宽松的国家和地区进口的水泥、电力、化肥、钢铁、铝等征税。除了那些参与欧盟排放交易体系或与欧盟有关联的碳排放交易体系的第三国，从所有非欧盟国家进口的特定商品都将被纳入碳边界调整机制。根据碳边界调整机制的提议，2023—2025 年将是一个过渡期。碳边界调整机制涵盖行业的产品进口商只需履行碳排放报告义务，欧盟在此期间不收取任何费用。

欧盟委员会认为，随着欧盟提高自己的气候目标，而非欧盟国家却盛行相对宽松的环境和气候政策，会产生巨大的"碳泄漏"风险——位于欧盟的公司为利用国外宽松的碳排放环境将碳密集型生产转移到国外，或者欧盟进口商更多地进口境外低成本的碳密集型产品，导致欧盟境内产品失去市场份额。碳边界调整机制可以防止这样的碳泄漏行为。

碳边界调整机制的运作是欧盟进口商在进口商品时向欧盟专门的管理机构购买证书，价格以欧盟碳市场配额的拍卖价格为参考。产品进口商向欧盟专门管理机构登记，并于每年 5 月 31 日前申报上一年度进口欧盟的产品总量及这些产品中所含的碳排放量，购买相应量的超限量排放。碳边界调整机制将对已经实施碳定价和碳排放市场的国家制定相应的减免政策。如果非欧盟生产者能够证明其在第三国生产进口产品支付了碳价，则可以为欧盟进口商全额扣除相应成本。碳边界调整机制涵盖的进口产品的碳排放信息由其非欧盟生产商传递给在欧盟注册的进口商。如果在进口货物时无法获得这些信息，欧盟进口商可以根据每种产品的二氧化碳排放默认值，临时确定需要购买的证书数量。进口商可以在随后的对账程序中证明其实际排放量，并移交相应的碳边界调整证书。

2022 年 6 月，欧洲议会通过碳边境调节机制的"一读"文本，针对 2021 年 7 月欧盟委员会公布的"立法草案"形成正式修正意见。与欧盟委员会一年前拿出的"立法草案"相比，欧洲议会通过的修正方案有两个方面的大变化。一方面，碳关税的起征日期向后推迟了一年——从 2027 年起征；另一方面，欧洲议会的方案扩大了 CBAM 的产品范围，增加了有机化学品、塑料、氢和氨，还把进口产品的间接排放（用电排放）纳入了征税范围。

碳边境调节税引发了欧盟外经济体的广泛担忧。在2021年世贸组织市场准入委员会会议上，沙特、菲律宾、印度、巴西、美国等国对欧盟的碳边境调节机制是否符合现行贸易规则表示怀疑。联合国贸易和发展组织(United Nations Conference on Trade and Development，UNCTAD)发布的研究报告显示，欧盟碳边界调整机制可能改变贸易格局，有利于工业生产资源效率高、碳排放低的国家，但可能对发展中国家的出口产生不利影响，同时对缓解气候变化影响不大。

5.2.3 碳汇率

货币的汇率指一国货币同另一国货币的比率，是一种货币表示另一种货币的价格。参考货币汇率的定义，提出碳汇率的定义。碳汇率指一国单位碳排放权同另一国单位碳排放权的比率，是一国碳排放权表示另一国碳排放权的价格。

理论上讲，世界任何地方新增排放一吨二氧化碳，对地球二氧化碳总量的影响是一样的，对全球气候的影响也是一样的。据此，全球任何地方二氧化碳排放权应该是等价的，一国单位碳排放权与另一国单位碳排放权的比率为1。但现实生活中，由于受世界各地碳排放政策和碳排放权市场发展等因素的影响，世界各地二氧化碳排放权不等价，一国碳排放权与另一国碳排放权的比率不为1。

根据购买力平价理论，不同货币的兑换比率取决于它们各自购买力的对比。参考购买力平价理论，不同国家单位碳排放权的兑换比率取决于它们各自购买力的对比。各国单位碳排放权价格和汇率共同决定碳汇率。

根据定义，可列出国家1兑换国家2的碳汇率计算公式，如式（5.1）所示。

$$\varepsilon_c^{12} = \frac{p_c^1 \varepsilon^{12}}{p_c^2} \tag{5.1}$$

式（5.1）中，ε_c^{12} 表示国家1对国家2的碳汇率；p_c^1 表示国家1以本币计的碳排放权价格；ε^{12} 表示国家1对国家2的汇率；p_c^2 表示国家2以本币计的碳排放权价格。根据中央财经大学绿色金融国际研究院发布的《2021年中国碳市场年报》，2021年中国全年碳平均价为42.85元/吨。2021年人民币对美元平均汇率是0.1550，美元对欧元平均汇率是0.8455，相乘即得人民币对欧元平均汇率是0.1311。中国全年平均碳价乘以人民币对欧元平均汇率，中国全年平均碳价转换为5.62欧元/吨。

表5.3列出了中国、英国、韩国、新西兰和北美地区2021年的平均碳价和碳汇率，各地区的碳价都用欧元每吨计量，相当于得到式（5.1）的分子；然后再除以欧盟平均碳价，即除以式（5.1）的分母，得到各国家或地区对欧盟的碳汇率。根据表5.3，与英国、北美、韩国和新西兰相比，中国对欧盟的碳汇率最低，中国市场一吨碳排放权的价值能购买欧盟市场0.1005吨碳排放权。

表5.3　部分国家和地区对欧盟的碳汇率

	欧盟	英国	北美	中国	韩国	新西兰
平均碳价（欧元/吨）	55.88	68.20	18.38	5.62	15.65	30.93
碳汇率		1.2205	0.3289	0.1005	0.2800	0.5534

数据来源：路孚特碳研究团队，2021

5.3　碳金融

5.3.1　碳金融的概念

碳金融（Carbon Finance）是现代金融发展中依据环境金融、绿色金融等概念延伸出来的新提法和发展方向。碳金融的概念界定包括两个层次：狭义的碳金融是指碳融资或碳交易的买卖活动；广义的碳金融泛指所有服务于减少温室气体排放的金融制度安排和金融交易活动，包括碳排放权及其衍生品的交易和投资、低碳项目开发的投融资以及其他相关的金融中介活动。

碳金融是随着气候发展变化而兴起的新兴金融领域，是服务于碳排放权交易及相关减排活动的金融服务，从本质上来看是绿色金融的一个分支。绿色金融是为改善环境、应对气候变化和资源节约高效利用的经济活动等所提供的金融服务。绿色金融一方面强调运用新型金融工具对节能环保、清洁能源、绿色交通、绿色建筑等领域的项目运营和风险管理提供投融资服务，另一方面也强调对人类活动尤其是工业生产活动进行相关融资约束，提高人类社会的可持续发展能力。一般地说，碳金融具有减排成本的收益转化、能源链转型的资金融通、气候风险管理与转移、碳贸易投资促进等多种功能。

碳金融建立在碳货币和碳信用基础上。货币是商品发展到一定阶段后，从商品中分化出来并逐渐演变成充当一般等价物的商品。碳货币是指以碳信用或每吨二氧化碳当量碳排放权作为基础的一般等价物，是基于二氧化碳排放权衍生发行的货币。碳货币能够发挥交易媒介的价值尺度职能以及价值贮藏职能。碳信用是碳排放信用，包括在碳市场中交易的 CERs、EUAs、VERs 等各种产品形式。在碳交易市场，碳信用既是一种商品，也是一种具有货币化潜力的金融资产。

气候环境变化不仅会影响人类的生存和发展，也会影响生产企业、金融服务业和投资者，需要进行气候风险管理。气候风险管理理论是碳金融发展的重要理论基础，强调企业应该重视与碳排放相关的政策、产品和生产程序等，规避因不遵守气候法规而遭遇法律诉讼的风险，从而更好地维护企业声誉；同时，不同的企业受到气候风险的影响有所不同，中高气候风险影响的企业需要通过碳金融市场来消化或者转移风险。

5.3.2　碳金融产品的主要类型

近年来，伴随碳交易市场的日益活跃和发展，商业性金融机构围绕碳排放权配额履约及碳排放权交易的流畅，衍生了一系列涉碳金融工具。一般来说，涉碳金融工具包括直接投资产品、资产支持证券、涉碳结构理财产品和涉碳风险管理型金融工具四种类型，不同类型涉碳金融工具包括不同的涉碳金融产品形式，如图 5.4 所示。其中，主要的涉碳金融产品形式包括碳基金、碳债券、碳期货、碳期权、碳互换等。

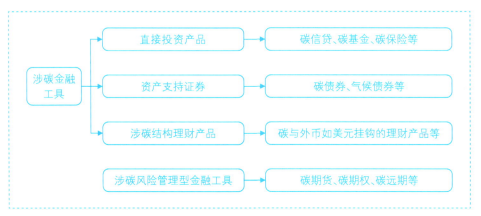

图5.4 涉碳金融工具的主要类别

碳基金（Carbon Fund）是由政府或企业设立的，旨在全球范围内购买碳信用或投资于减少温室气体排放的项目，在一定的投资周期后以碳信用或现金回报等形式向投资者发放收益的专项基金形式。2021年10月24日，中共中央、国务院印发《关于完整准确全面贯彻新发展理念做好碳达峰碳中和工作的意见》，强调"研究设立国家低碳转型基金，鼓励社会资本设立绿色低碳产业投资基金。"国内运行模式较为成熟的碳基金有财政部、生态环境部和上海市共同发起设立的国家绿色发展基金等。一般来说，国内碳基金的运作模式主要是在一级市场上以低成本、低风险方式获得CCER，在二级市场上以出售CCER替代配额的方式来获取利润。

碳债券（Carbon Bonds）是政府或企业为筹集涉碳项目资金而向投资者发行的、承诺在一定时期支付利息和到期还本的债务凭证。从发行主体来看，可以将碳债券划分为碳国债和碳企业债券。以国内首单碳债券"10亿元中广核风电有限公司附加碳收益中期票据"为例，该碳债券是由中广核风电有限公司发行，由浦发银行承销的，发行期限为5年。债券利率分为固定利率和浮动利率，在债券存续周期内，浮动利率与中广核风电有限公司及下属风电项目公司的碳交易收益正相关。

碳期货（Carbon Futures）是指交易双方约定在将来某个确定的时间以某个确定的价格购买或者出售一定数量的碳额度或碳单位，这种交易方式是为适应和规避现货交易的风险而产生的。碳期货属于标准化交易工具，购买者通过在碳期货市场进行与碳现货市场相反的买卖操作来达到套期保值的目的。在碳期货交易中，交易双方将未来交易的时间、资产、数量、价格予以事先确定，目的在于跨期保值。碳期货同时具备风险规避和碳价格发现的双重功能，碳期货交易一般在交易所中完成，也有少部分参与场外市场交易。

碳期权（Carbon Option）是指通过产权界定将温室气体排放权视为商品并通过市场化定价进行交易，是在碳期货基础上产生的一种碳金融期权合约。所谓金融期权合约是指合约中的买方向卖方支付一定期权费用，买方在合约期内以约定的价格向卖方交易某种金融工具的权利的契约。碳期权的定价依赖于碳期货价格，这与基础碳资产价格密切相关。市场上购买者对基础碳资产价格走势的判断决定碳期权的交易方向，购买者根据对期权的预期，通过购买看涨或者看跌的期权，或者在不同期限、不同执行价格的看涨、看跌期权组合来达到维持收益水平和规避风险的目的。

碳互换（Carbon Emission Swap）是指买卖双方通过谈判达成协议，在约定时期内按协议交换一定数目的类别不同的碳排放权或债务。投资者可以利用各个市场的定价不同或碳资产价格性质不同的特点进行交易，从各个市场的差价中获取收益。碳排放权互换交易可以进行的原因有两个：一是目标碳减排信用难以获得；二是交易双方在债务存续期间，债务方在债权方的许可下将资金投入碳减排项目以获得债务减免。第一种碳互换交易实际上是不同市场、不同种类的碳信用交互，第二种碳互换交易则是碳信用与债务的互换，这两种碳互换交易在交易的内容上有本质的区别。

5.3.3 碳金融市场

碳金融市场的发展受到各种因素的影响，这些因素主要包括气候变迁、管理政策等。从气候方面来看，长时间、大范围、持续性的环境问题，如气候变化、雾霾及极端天气事件等，会让政府、公众更加正视解决环境问题的迫切性，会对企业采取节能减排活动产生倒逼机制，这将极大地影响碳基础资产的供求关系，从而为碳金融市场可持续发展营造有益的社会氛围。从政策层面来看，无论是宏观的管理政策，还是中观的行业政策，均会对碳金融发展产生明显的影响效应。首先，政府财税政策以及公共预算结构，决定了国家宏观调控的方向，与碳金融市场发展方向息息相关，而碳国债的发行更是碳金融的重要组成部分。其次，政府对纳入碳排放管理的企业、单位界定、配额清缴额度设定、碳排放配额的分配方式以及相关标准的制定和调整，直接影响碳交易市场的供需关系以及碳金融市场参与者的预期。第三，银监部门的金融监管力度和有效性，直接决定涉碳金融产品的品种和规模，这将对碳金融市场发展产生直接影响。

国际碳金融市场的参与主体既包括世界银行、各国碳交易所等，也包括金融机构、中介机构等私营部门，参与主体的广泛性导致国际碳金融市场规模加速扩张。国际碳金融市场的创新产品种类较多，品种丰富，包括期权、期货、质押贷款、债券、碳保理融资、碳收益支持票据等。国际商业银行是碳交易的第三方中介服务方，是国际碳金融市场的主要活跃者。国际商业银行不仅能以经纪中介、代理绿色债券交易、进行碳金融风险管理等方式为各类商家提供服务，也能通过创新与碳排放权或各类环保指数相挂钩的理财产品和基金来参与碳交易活动。与环保指数相关的碳金融产品主要有荷兰银行的低碳加速器基金、巴克莱银行的全球碳指数基金、瑞士银行的世界排放指数基金、汇丰银行的环球气候变化基准指数基金等。

当前，国内正在大力发展碳金融市场。创设碳减排支持工具和支持煤炭清洁高效利用专项再贷款，推出碳中和债券等产品。由于中国碳交易规模相对较小，国内碳金融市场发展也十分有限，存在商业银行参与碳金融市场的力度不够、企业及投资者对碳金融市场认识不到位、碳金融市场中介服务不够发达等问题。为保证碳金融市场持续健康发展，可以从以下几个方面重点发力：第一，建立健全碳金融市场法律法规体系、规则和实施机制；第二，鼓励设立低碳产业投资基金和风险投资基金，引导社会资本投入控碳减碳行业；第三，创新开发碳期权、碳期货、碳基金、碳证券等多种金融衍生工具，为碳价的预测和碳金融市场健康稳定发展提供保障；第四，在资本市场为低碳企业开辟绿色通道，鼓励减碳控碳成效显著的企业上市融资；第五，鼓励碳资产管理、碳信用评级、碳审计服务、碳金融和碳保险服务机构等中介机构发展。

5.4 碳税

5.4.1 碳税的概念

碳税（Carbon Tax）是指针对二氧化碳排放所征收的税。它通常以生态环境的保护为目标，通过征税来引导企业和公众降低二氧化碳的排放量，从而遏制全球变暖。各国征收碳税的方式不尽相同，但主要是通过对煤炭、石油、天然气等化石燃料消耗征税，从而达到降低二氧化碳排放的目的。征收碳税这一做法的管理成本相对较低，同时又具有相对较高的市场引导力。

将碳税制度与二氧化碳排放紧密联系在一起，是各国碳税制度的基本特征。我国现行的环境税中，有部分税种起到了降低二氧化碳排放的作用，如化石燃料资源税和成品油消费税等，这些税种不是专门针对降低二氧化碳排放而设计的，尽管它们发挥了碳税的部分功能，但不归属于碳税范畴。

碳税和碳交易都是降低二氧化碳排放量的经济政策。从理论上来看，碳税的顺利实施更多依赖于政府主导，碳交易的顺利实施更多依赖于市场机制，它们各有优缺点，互不排斥，可以相互补充，共同发挥作用。在实践中各国政府为了实现降低二氧化碳排放的目标，往往会在政策选择中根据本国实际，灵活选择和运用。

以碳税为手段降低二氧化碳排放量，不仅是环境问题，也是经济问题与社会问题，甚至涉及国际贸易与合作。实施碳税政策，不但要考虑生态环境保护，还应考虑经济发展、社会稳定以及国际关系等因素。

5.4.2 碳税的理论基础

通过碳税控制二氧化碳排放，应对全球气候变化，从而实现生态环境保护，其本质属于环境税的范畴，使用环境税的理论可以对碳税进行解释。环境税又称庇古税，最早于1920年由经济学家庇古在其《福利经济学》一书中提出。

企业和家庭在生产与生活中会向自然界中排放二氧化碳等温室气体，少量的温室气体排放可以通过环境的自净能力得到转化，从而消除对环境的影响。但是环境容量是有限的，过量的温室气体排放，超过了环境的承载力，将导致如全球气候变暖等环境问题的产生，从而影响人类的生存与发展。在这个过程中，企业和家庭的生产与生活对他人产生了负向的外部影响，由于产权不明晰、市场不健全等因素，市场机制未能发挥作用，无法消除这种外部影响，从而导致企业和家庭的私人成本与整个社会成本之间不一致。为了消除这种影响，可以通过政府主导，向对环境造成污染和破坏的排污者征税，用税收来平衡私人成本与社会成本的差异，引导企业和家庭主动降低排污，将对他人的外部影响回归到企业和家庭的生产和生活决策中去，从而实现外部性内部化。

庇古税能够有效治理在经济活动中产生的环境问题，通过对排污者征税，增加负外部性行为的成本，达到外部性内部化。同理，碳税就是向产生二氧化碳排放的企业和家庭征税，增加其二氧化碳排放的成本，从而引导其主动采取措施降低排放，将二氧化碳排放的外部性内部化。

5.4.3　碳税实践

（1）碳税的国际实践

《联合国气候变化框架公约》和《京都议定书》的签署有力推动了各国碳税征收的实践。20世纪90年代初，芬兰、挪威、瑞典、丹麦等国家率先以法律的形式确立了碳税制度。进入21世纪后，越来越多的国家开始利用碳税来降低二氧化碳排放。根据世界银行发布的《2021碳定价机制发展现状与未来趋势》报告，截至2021年5月，世界上已经实施的碳定价机制共计64种，覆盖全球温室气体总排放量的21%，其中35项是碳税制度，涉及全球27个国家。

芬兰是世界上最早实施碳税制度的国家，起初是将碳税作为独立税种，单独进行征收，后伴随税制改革，又将碳税融入能源税，作为能源税子目进行征收。瑞典是目前碳税税率最高的国家，其碳税税率约合137美元/吨二氧化碳排放，并且征收范围覆盖所有化石燃料。日本是亚洲最早征收碳税的国家，起初是将碳排放融入环境税中进行征收，之后调整为独立税种。南非于2010年提出征收碳税，并于2019年通过《碳税法案》，成为首个实施碳税制度的非洲国家。美国和加拿大通过地方税的形式征收碳税，如美国科罗拉多州的博尔德市是通过企业和居民的用电度数来征收碳税，加拿大的阿尔伯塔省是采用超额征税的方式，对超出碳排放标准的行为进行征税。澳大利亚于2008年开始征收碳税，但由于政策准备不充分等原因，于2014年废除了《碳税法案》，逐步转向碳排放交易制度。

由于经济发展情况和税制结构存在差异，各经济体对碳税的税种设置有所不同，主要有独立型税种和融入型税种两种设置方式。独立型税种设置方式是指将碳税作为一个独立税种进行征收，突出碳税与其他税种之间的差异。融入型税种设置方式是指将碳税融入现有的能源税或环境保护税等税种中，在这种税种设置方式下，可以明确碳排放的征收标准、减少税收征管成本，还易于协调碳税与其他税种之间的关系。丹麦、挪威和日本等国家采取独立型碳税税种设置方式，瑞典、德国等国家则采取融入型税种设置方式。

各国碳税征收的对象存在差异，多数经济体的碳税都按照"谁使用、谁排放、谁缴税"的原则在能源最终使用环节征税，不仅面向企业，也向居民征收。例如，瑞典、丹麦的纳税义务人为化石燃料的使用者，包括下游经销商及消费者，以此引导社会大众重视低碳环保。少数经济体如加拿大等在生产环节征税，碳税的纳税主体主要是化石燃料的生产商、进口商和加工商。还有少部分经济体同时在生产和使用环节征税，纳税义务人既包括化石燃料的消费者，也包括化石燃料的生产商、总经销商和进口商，如荷兰等国。随着碳税实践的深入，碳税征收范围也在不断调整。一是随着税制改革深化，不断扩大征税范围。二是随着碳排放交易权的实施，逐步减免纳税主体负担。

（2）碳税的经验借鉴

考虑二氧化碳排放量的技术监控难度和征收管理成本，多数经济体以煤炭、石油、天然气等化石燃料消耗量所折算的二氧化碳排放量来征税，这在技术上简单可行，行政成本也相对较低。少数经济体以二氧化碳实际排放量作为计税依据，该方法能直接反映排放量，并且这种连续性数据能反映排放主体为二氧化碳减排所作出的努力，便于形成正向激励，但需要相关企业购买二氧化碳监测设备，捕捉、测算和报告二氧化碳排放量，技术要求和实施成本比较高。

考虑纳税人的承受能力，渐进式地提高税率。从实践来看，多数经济体在起步阶段采取较低的税率，随后再逐步提升，使纳税人有充裕的时间进行调整和适应。这样既能减少碳税开征时的各方阻力，也有利于纳税人逐渐树立、培养减排意识。如芬兰在碳税设立之初，将税率确定为1.62美元/吨二氧化碳排放量，历经近30年的实践后，才逐步将税率提升至70美元/吨二氧化碳排放量。

运用政策的引导和调控作用，设置形式多样的税收优惠政策。一方面是对自愿签订减排协议并达到要求的企业实行税收减免；另一方面是对减排效果显著或者大幅增加节能减排投入的企业给予税收减免。如英国对达到协议减排目标的企业减免80%的碳税，企业如果购买政府指定名单中的节能设备或设施，可以在购买的首个年度获得对应支出金额100%的税收减免。

遵循税收中性原则，将碳税征收可能产生的负面影响降至最低。允许碳税用于抵扣其他税收，实现税负总体平衡。如瑞典在开征碳税后，将所得税和能源税税率同时下调，并于1993年免除了工业部门能源税。用碳税资金补助低收入者，增加社会福利。如芬兰每年约7.5亿美元的碳税收入全部收归中央财政，并将该项税收主要用于对低收入群体的补贴。碳税收入定向用于节能减排投资，促进低碳经济发展。如日本碳税主要作为相关环保政策资金来源，用于提高建筑物节能效率、建设低碳地区、森林保育和开发新能源汽车等。

注重碳税与其他政策工具的协调配合。常见的做法有两种，一种是与碳排放权交易机制相配合，另一种是与绿色金融工具相配合。如英国实施最低碳价机制，如果碳排放权交易成交价低于规定的最低碳价，将通过加征税收来弥补差额，使企业负担的排放成本达到政策目标水平。同时，英国利用碳税资金成立了碳基金，为新能源项目提供低成本贷款，并为相关企业在早期研发碳减排技术时提供风险投资等。

【拓展阅读】

（1）夏文斌，蓝庆新.建立健全碳交易市场体系[N].光明日报,2021-08-03(11).

（2）刘少华.碳排放权交易,中国大步踏出自己的路[N].人民日报海外版,2021-08-03(6).

（3）陈维灯.川渝探索建立环评"白名单"机制和区域性碳排放权交易市场[N].重庆日报，2021-11-07（2）.

（4）宗河.西南财经大学科研成果助力"双碳"探索[N].中国教育报，2022-05-07（2）.

（5）陆敏.拓展碳金融 活跃碳市场[N].经济日报，2023-09-06（7）.

（6）金观平.不断完善碳市场交易体系[N].经济日报，2022-07-26（1）.

【思考与练习】

（1）一般来说，碳排放权交易建立在（　　）基础上。

A.企业内部生产计划

B.国家统一发放配额

C.全球统一规定配额

（2）任何经济主体生产活动中产生的二氧化碳等温室气体将导致全球气候变暖等问题出现，却并不需要支付任何成本，这是一种明显的负外部效应。为了校正这种负外部性，需要（　　）。

A.政府将环境成本内化到排放主体的成本结构中

B.禁止经济主体生产活动中产生温室气体

C.对排放温室气体的企业处以罚款

（3）国际上碳交易市场的交易方式主要有（　　）。

A.基于政府配额的交易和基于企业生产计划的交易

B.基于配额的交易和基于项目的交易

C.基于需求的交易和基于供给的交易

（4）二氧化碳排放是有负外部性的公共产品，为消减大气中二氧化碳的含量，二氧化碳排放权具有的（　　）使其成为可交易的商品。

A.可再生属性

B.需求属性

C.稀缺属性

（5）碳排放期权是指通过产权界定将温室气体排放权视为商品并通过市

场化定价进行交易，是在碳期货基础上产生的一种（　　）合约。

A. 美式期权

B. 欧式期权

C. 碳金融期权

（6）判断：碳交易通过调整控排企业行为，从而达到优化产业结构的目的。（　　）

（7）判断：碳交易政策的实施从总体上来讲具有负的福利效应，对于配额富裕的企业来说，可以通过出售碳排放配额获得收益。（　　）

（8）判断：碳泄漏可以认为是一个不可避免的问题，因此发达国家对发展中国家征收碳关税等边境调整措施没有依据。（　　）

（9）判断：碳货币是指以碳信用或每吨二氧化碳当量碳排放权作为基础的一般等价物，是基于二氧化碳排放权衍生发行的货币。（　　）

（10）判断：目前，国内碳交易市场运行机制包括CDM清洁发展机制和CCER核证自愿减排机制等两种主要形式。（　　）

参考答案：（1）B；（2）A；（3）B；（4）C；（5）C；（6）√；（7）×；（8）×；（9）√；（10）√。

【体验与实践】

（1）以个人身份参与全国及试点地区碳排放权交易系统的注册及交易活动，思考如何将自己的人生发展有效地融入碳交易及碳金融市场发展中去。

（2）以政策制定者视角思考：中国如果要开征碳税，应该对哪些行业、哪些企业征收碳税，税率应该定为多少？税收征收与稽查过程中应该注意哪些问题？

6

双碳
与治理经验

双碳与治理经验

知识目标：了解联合国政府间气候变化专门委员会（IPCC）的任务，了解《联合国气候变化框架公约》《京都议定书》《巴黎协定》等重要国际公约的主要内容，了解我国双碳"1+N"政策体系。

素质目标：理解我国双碳"1+N"政策体系，增强国际视野，能讲述"中国方案"。

能力目标：能清晰思考并用语言准确阐述国内外双碳治理经验。

【情景导入】

统筹有序系统科学推进碳达峰碳中和

2023年11月30日至12月1日，习近平主席特别代表、中共中央政治局常委、国务院副总理丁薛祥在迪拜出席世界气候行动峰会并发表致辞，丁薛祥指出中国一直重信守诺，为全球气候治理作出重要贡献。我们大力推进绿色发展、深入推进能源革命、积极推进应对气候变化国际合作。

实现碳达峰碳中和是一场硬仗。打好这场硬仗，既等不得，也急不得。为了实现应对气候变化目标，我国坚持全国统筹、节约优先、双轮驱动、内外畅通、防范风险的原则，积极制定和实施一系列应对气候变化的战略、法规、政策、标准与行动，加大温室气体排放控制力度，充分发挥市场机制作用，增强适应气候变化能力，推动我国应对气候变化实践取得重大进展。2020年，我国碳排放强度比2015年下降了18.8%，超额完成了"十三五"约束性目标，比2005年下降了48.4%，超额完成了中国向国际社会承诺的到2020年下降40%~45%的目标，累计少排放二氧化碳约58亿吨，基本扭转了二氧化碳排放快速增长的局面。截至2022年碳排放强度比2005年下降超过51%。

同时也应看到，实现碳达峰碳中和，必须统筹有序处理好发展和减排、整体和局部、长远目标和短期目标、政府和市场的关系，处理好减污降碳与能源安全、产业链供应链安全等的关系，不可能毕其功于一役。从能源结构角度看，2022年我国非化石能源占能源消费总量比重为17.5%，能源结构以煤为主，大幅降低煤炭消费占比还有许多难关需要攻克。我们需要立足以煤为主的基本国情，抓好煤炭清洁高效利用，增加新能源消纳能力，推动煤炭和新能源优化组合，而不能搞"碳冲锋"、"一刀切"、运动式"减碳"。从技术攻关角度看，科学技术创新是实现碳达峰碳中和的重要驱动力，实现碳达峰碳中和，必须狠抓绿色低碳技术攻关。发展绿色低碳技术，推进技术成果转化应用，需要在尊重市场经济规律和科学技术发展规律的前提下，坚持从实际出发，科学把握工作节奏，这样才能做好各项工作，以生态环境高水平保护推动经济高质量发展，确保如期实现碳达峰碳中和目标。

资料来源：王金南和蔡博峰,2022

统筹有序系统科学推进碳达峰碳中和，做到有的放矢，是我国气候治理的重要经验。我国超额完成"十三五"时期碳排放强度目标，彰显了大国担当。全球气候治理共识的形成和行动开展是一个漫长曲折的过程。1988年联合国政府间气候变化专门委员会（IPCC）成立至今已发布六次报告。报告的发布凝聚了越来越多的共识。从《京都议定书》到《巴黎协定》，越来越多的国家参与到全球气候治理中。美国、加拿大先后退出《京都议定书》，美国退出又返回《巴

黎协定》，表明全球气候治理行动并非一帆风顺。令人充满希望的是，越来越多的国家或经济体宣布碳达峰碳中和目标，全球气候治理行动步伐加快。

6.1　全球共识

联合国政府间气候变化专门委员会（Intergovernmental Panel on Climate Change，IPCC）是世界气象组织（World Meteorological Organization，WMO）及联合国环境规划署（United Nations Environment Programme，UNEP）于1988年联合建立的政府间机构，其主要任务是对气候变化科学知识的现状，气候变化对社会、经济的潜在影响以及如何适应和减缓气候变化的可能对策进行评估。

我国在承担应对气候变化自身国际义务的同时，还努力为发展中国家提供帮助。扎实推进南南合作和绿色"一带一路"建设。2023年11月15日，中美两国发表《关于加强合作应对气候危机的阳光之乡声明》——中美气候合作领域的第三份共识文件，为全球气候治理打开新局面。2023年12月，我国全面深入参与联合国气候变化迪拜大会(COP28)各项议题磋商，推动各方聚同化异，为会议取得积极成果作出重要贡献。大会通过发展中国家高度关注的损失与损害基金以及全球适应目标框架、公正转型工作方案等重要决定，完成《巴黎协定》生效以来首次全球盘点，达成向可再生能源转型的共识，释放出坚持多边主义、以更加团结的精神、更加积极的行动携手应对气候变化的有力信号。

6.1.1　IPCC评估报告简介

1990—2022年，IPCC已经发布6次报告，其发布的报告对凝聚全球各界共识发挥了重要作用。表6.1列出了IPCC历次报告的发布年份、主要内容和主要影响。第一次报告和第六次报告都在警示全球气温上升的风险，第六次报告警告极端天气频发对世界造成危害，并强调全球协同应对刻不容缓。从第二次报告到第五次报告，越来越多的研究更有力地表明人类活动是引起全球变暖的主要原因。IPCC报告影响了《联合国气候变化框架公约》《京都议定书》《巴黎协定》等全球气候治理重要公约的制定、通过和执行。

表6.1 IPCC历次报告主要内容和主要影响

报告次数	发布年份	主要内容	主要影响
第一次	1990	警示全球气温升高的风险	推动通过《联合国气候变化框架公约》
第二次	1995	有清楚的证据表明人类活动影响全球气候	为《京都议定书》的通过铺平了道路
第三次	2001	有"新的、更坚实"的证据表明人类活动与全球变暖相关，全球变暖有66%的可能性由人类活动引起	为《京都议定书》的生效和执行提供了科学支撑
第四次	2007	全球变暖是毫无争议的事实，全球变暖有90%以上的可能性主要由人类活动引起	推动了"巴厘路线图"的诞生
第五次	2013—2014	全球变暖是毋庸置疑的事实，全球变暖有95%以上的可能性由人类活动引起	助推达成《巴黎协定》
第六次	2021—2022	全球气候变化加剧，极端天气事件频发，未来20年世界将面临多重气候危害。全球需协同应对，提高气候适应能力刻不容缓	

资料来源：郑秋红，2014

2023年3月20日，联合国政府间气候变化专门委员会（IPCC）发布《第六次评估报告综合报告：气候变化2023》（*AR6 Synthesis Report: Climate Change 2023*），整合了2018年以来IPCC发布的3份工作组报告及3份特别报告的结论，分析了全球气候变化现状和趋势、未来气候变化风险和长期应对政策，以及近期响应措施，所有结果均在高置信度区间及以上。

6.1.2 重要公约

反映气候变化的国际公约主要有《联合国气候变化框架公约》《京都议定书》《德里宣言》《巴厘路线图》《哥本哈根协议》《巴黎协定》等。其中，《联合国气候变化框架公约》《京都议定书》和《巴黎协定》的影响最大。

（1）《联合国气候变化框架公约》①

《联合国气候变化框架公约》于1992年5月在联合国总部纽约通过，同年6月在巴西里约热内卢举行的联合国环境与发展大会期间正式签署，1994年3月生效。该公约奠定了应对气候变化国际合作的法律基础，是具有权威性、普遍性、全面性的国际框架。《联合国气候变化框架公约》的最终目标是"将大气中温室气体的浓度稳定在不对气候系统造成危害的水平上"。截至2016年6月底，《联合国气候变化框架公约》共有197个缔约方。

《联合国气候变化框架公约》指出，全球温室气体排放的最大部分源自发达国家，发展中国家的人均排放仍相对较低，因此应对气候变化遵循"共同但有区别的责任"原则。根据这个原则，发达国家应率先采取措施限制温室气体的排放，并向发展中国家提供有关资金和技术；而发展中国家在得到发达国家资金和技术支持下，采取措施减缓或适应气候变化。

《联合国气候变化框架公约》本身的不足之处是其最终目标并未明确将大气中的温室气体稳定在什么浓度水平。一旦这一浓度水平得以确定，将对全球经济活动产生重大影响。防止全球变暖引起的气候变化问题，表面上是减少温室气体排放的环境问题，但实质上牵涉到缔约方能源消费总量和效率问题，具有重大的政治和经济意义。

（2）《京都议定书》

为了免受气候变化的威胁，《联合国气候变化框架公约》第三次缔约方大会于1997年12月在日本京都召开，会议通过了旨在限制发达国家温室气体排放，以抑制全球变暖的《京都议定书》。《京都议定书》是《联合国气候变化框架公约》的补充文件，其目标是"将大气中的温室气体含量稳定在一个适当水平，防止剧烈的气候改变对人类造成伤害"。《京都议定书》的主要内容有三方面："共同但有区别的责任"原则、量化的减排目标、灵活的机制。

"共同但有区别的责任"原则由《联合国气候变化框架公约》首次提出，《京都议定书》继承并发展了这一原则，表现在三方面：第一，《京都议定书》明确了"共同但有区别的责任"的概念，即所有缔约方，考虑到他们共

---

①可以从联合国气候变化框架公约网站下载汉语、英语等语言版本的《联合国气候变化框架公约》。

同但有区别的责任，以及各自特殊的国家和地区发展优先顺序、目标和具体情况，要继续促进履行这些承诺以实现可持续发展。第二，《京都议定书》提出的量化减排目标体现了"共同但有区别的责任"这一理念的精髓。它以量化方式明确了发达国家缔约方的减排义务，同时免除了发展中国家的减排义务。差异化的量化减排目标表现为：与1900年相比，2008年至2012年的承诺期间，欧盟、美国、日本和加拿大分别削减8%、7%、6%和6%，东欧各国削减5%~8%，新西兰、俄罗斯、乌克兰则不必削减，发展中国家也没有削减义务。第三，《京都议定书》创立的联合履行机制（Joint Implementation，JI）、清洁发展机制（Clean development mechanism，CDM）以及排放权交易机制（Emissions Trade，ET）也在一定程度上反映了这一原则。联合履行机制是指允许承担减排义务的国家共同执行减排义务。清洁发展机制是指发达国家提供资金和技术，在没有减排义务的发展中国家实施减排项目，由此获得的经核证的减排量（Certificated Emission Reductions，CERs），用来冲减发达国家的减排数量。贸易排放机制是指排放水平低于《京都议定书》规定的国家可以将其剩余额度出售给完不成规定义务的其他国家。

《京都议定书》于2005年2月开始生效，有效期为8年。2012年在多哈举行的《联合国气候变化框架公约》第18次缔约方大会上，决定延长《京都议定书》的期限，以2013年1月到2020年1月为《京都议定书》的第二个承诺期。

（3）《巴黎协定》

2015年12月，在巴黎举行的第21次缔约方大会上，达成了一项新的、所有缔约方都参与的、具有法律约束力的《巴黎协定》。2016年11月《巴黎协定》正式生效。《巴黎协定》是一项适用于2020年后应对气候变化的国际环境条约，是全球气候治理的基础和平台。《巴黎协定》所确立的科学确定性问题、共同但有区别责任原则、减缓与适应措施等反映了全球气候治理现状和发展方向。

《巴黎协定》的主要内容如下：第一，长远目标。确保全球平均气温较工业化之前水平的升高控制在1.5~2℃。第二，减缓目标。各方同意每隔5年重新核定自主减缓目标。第三，评估目标。若存在"减排差"，各方今后4年内重新评估各自的减缓目标，以便适时调整。第四，透明度。要求各缔约方报告各自的温室气体减排情况，但赋予发展中国家适度"弹性"空间。第五，资金机制。设立"绿色气候基金"，发达国家向发展中国家提供资金支持，帮助发展中国家减排。第六，损失损害。通过"华沙国际机制"为相关国家因气候变化导致的损失损害提供支持。

6.2 国际行动

根据IPCC报告，实现《巴黎协定》温控2℃的目标，需要全球在2070年前实现碳中和；实现温控1.5℃的目标，需要全球在2050年前实现碳中和。欧盟2019年12月宣布将于2050年实现碳中和，中国、日本、美国等主要经济体先后公布了碳中和时间表。当前占70%以上碳排放的经济体走上了《巴黎协定》2℃甚至1.5℃的目标路径，国际社会构建了雄心勃勃的气候目标愿景。中国、欧盟、美国和日本是世界前四大经济体，也是碳排放较大的主要经济体。以下部分重点介绍欧盟、美国、日本的碳中和行动，中国方案在下一节单独介绍。

6.2.1 欧盟

欧盟委员会发布欧洲研究区第二份工业技术路线图。2023年1月24日，欧盟委员会公布了《欧洲研究区（ERA）纺织、建筑和能源密集型行业循环技术和商业模式的工业技术路线图》。该路线图明确了纺织、建筑和能源密集型行业的92项循环技术和创新投资需求，以推动可持续发展。主要技术包括纺织方面的生物基材料、臭氧技术、可持续设计、自动纤维分选技术、化学回收技术等；建筑方面的增材制造技术、城市采矿、模块化设计与建筑拆装设计等；化工、金属和钢铁、陶瓷领域的循环技术也被详细列举。

欧盟发布《净零时代的绿色新政工业计划》。2023年2月1日，欧盟委员会发布了《净零时代的绿色新政工业计划》，旨在提高欧洲净零工业的竞争力。该计划包括建立可预期、连续和简化的监管环境，促进投资和融资，提高绿色技术技能，以及开放贸易以提升供应链韧性。具体措施包括在2023年上半年制定净零工业法案、关键原材料法案、电力市场设计改革三项关键法案，通过修订《国家援助临时危机和过渡框架》和《通用集体豁免条例》简化资助项目审批，并提议建立欧洲主权基金等。

欧盟新法案定义可再生氢及其生命周期排放计算方法。2023年2月13日，欧盟委员会通过两项《可再生能源指令》要求的授权法案，规定了可再生氢的构成及其生命周期排放计算方法，以确保所有非生物来源可再生燃料由可再生能源电力生产。这有助于推动可再生氢的生产与可再生能源的连接，同时提供了详细的生命周期温室气体排放计算方法。

欧盟出台《净零工业法案》以提高清洁技术竞争力。2023年3月16日，欧盟委员会发布《净零工业法案》，旨在到2030年，欧盟战略性净零技术的本土制造能力将接近或达到年度部署需求的40%。法案列举了太阳能、风能、电池、热泵、电解槽等多项技术为战略性净零技术，并提出了几项关键行动，包括简化行政和许可授予流程、加速二氧化碳捕集进程、促进净零技术市场准入、技能提升、促进创新等。

欧盟立法推广可持续航运燃料，减少海上运输排放。2023年3月23日，欧盟委员会通过了"海事燃料"协议，旨在逐渐降低航运业燃料的温室气体排放强度。通过设定年度温室气体强度的最大限值和引入零排放要求，该法规要求船舶在港口使用岸上电源或替代零排放技术，以实现对航运业排放的减少。

欧盟大幅提高2030年可再生能源目标。2023年3月30日，欧盟议会和各成员国就《可再生能源指令》修订达成临时协议，重申了欧盟决心通过加快部署本土可再生能源来实现能源独立，并实现欧盟2030年温室气体减排55%的目标。该协议将欧盟2030年具有约束力的可再生能源占比目标从目前的32%提高到至少42.5%（几乎是现有份额的两倍），指导性目标将提高到45%，并制定了交通、工业、建筑等领域的具体目标。该协议还通过了电气化和废热吸收支持能源系统整合的条款，并给予了核电有限认可。

欧盟理事会通过多项碳减排立法提案。2023年4月25日，欧盟理事会通过了多项关于应对气候变化的立法提案，包括：①欧盟排放交易体系：新规则提出欧盟排放交易体系所涵盖的行业到2030年的总减排量应较2005年水平减少62%。②海运排放：海运排放首次纳入欧盟排放交易体系范围，将分三个阶段逐步减少海运公司碳配额，分别为2024年减少40%，2025年减少70%，2026年全部取消碳配额。③建筑、道路运输和其他部门排放：从2027年起，实施为建筑、道路运输和其他部门（主要是小型工业）单独建立的新排放交易系统。④航空排放：航空业的免费排放配额将逐步取消，并从2026年开始实行全面拍卖，在2030年12月31日之前，将保留2000万份配额，以激励飞机运营商减少化石燃料使用。⑤碳边境调整机制（CBAM）：碳边境调整机制涵盖的行业（水泥、铝、化肥、发电、氢气、钢铁等）的免费配额将在2026年至2034年逐步取消。⑥社会气候基金：社会气候基金将由成员国用于资助支持弱势家庭、微型企业和运输用户的措施和投资，并帮助他们应对建筑、道路运输和其他部门的排放交易体系对价格的影响，该基金的资金将主要来自新的排放交易系统，最高可达650亿欧元，并由国家捐款补充。

6.2.2　美国

美国发布首份交通部门脱碳蓝图。2023年1月10日，美国政府发布了具有里程碑意义的交通部门脱碳蓝图，旨在到2050年实现交通脱碳。该蓝图划分为三个阶段：首先，在2030年之前，通过研究和投资扭转交通运输部门温室气体排放的趋势；其次，在2030年到2040年间，加速变革期，扩大清洁解决方案的部署；最后，在2040年到2050年完成转型，实现一个可持续和公平的未来。该蓝图全面覆盖了客运和货运出行方式与燃料，着重强调多种清洁技术在各种应用中的作用。为实现脱碳，提出了三项关键战略，即支持社区设计和土地使用规划以增加便利性、扩大公共交通和铁路建设并提高运输效率，以及部署零排放车辆和燃料。

美国政府发布电动汽车充电网络建设新规。2023年2月15日，美国政府发布了电动汽车充电网络建设新规，旨在建立一个方便、可靠和美国制造的电动汽车充电网络。规定了在高速公路和社区建造50万个充电桩（站），并计划到2030年，电动汽车销量至少占新车销量的50%。该规则包括了交通部与能源部合作确定的最新规则标准、联邦高速公路管理局要求联邦政府资助的充电桩（站）必须是美国制造、能源和交通联合办公室提供融资机会等多项具体措施。

美国能源部发布海上风能战略。2023年3月29日，美国能源部发布了海上风能战略，旨在实现到2030年海上风电部署达到30吉瓦、到2050年超过110吉瓦的目标。该战略分为4个部分，包括发展固定式和漂浮式海上风电、优化输电系统，以及推动储能和海上风电联产技术的转型发展。

美国确定实现温控目标的关键领域。2023年4月20日，美国总统拜登在主要经济体能源和气候论坛（Major Economies Forum on Energy and Climate，MEF）领导人会议上表示，将加快四大关键领域的行动部署，包括能源脱碳、停止砍伐亚马孙和其他森林、积极应对非二氧化碳气候污染物，以及推进碳管理。这些行动旨在应对气候危机，通过降低电力和交通部门碳排放、停止砍伐重要森林、减少甲烷排放、加速氢氟碳化合物的淘汰，并加速碳捕集、清除、利用和封存技术的发展来实现。

6.2.3 日本

日本发布车用和固定式燃料电池路线图。2023年2月9日，日本新能源产业技术综合开发机构（NEDO）发布了《汽车和重型卡车用燃料电池路线图》和《固定式燃料电池路线图》，提出了到2040年的发展目标和关键技术。该路线图分别针对车用燃料电池和家用固定式燃料电池设定了阶段性的目标。对于车用燃料电池，强调了燃料电池材料、制造、储氢和数字化等技术的开发，以实现到2030年燃料电池重型卡车的普及和系统输出密度的提升。到2040年，目标是实现广泛普及的燃料电池重型卡车和更高的输出密度。对于家用固定式燃料电池，设定了到2030年和2040年的推广普及数量和发电效率的目标，强调下一代燃料电池效率的提高。

日本内阁通过"实现绿色转型的基本方针"。2023年2月10日，日本内阁批准了"实现绿色转型的基本方针"，宣布未来10年日本政府和私营部门将投资超过150万亿日元，以实现绿色转型、同步脱碳、稳定能源供应和促进经济增长。该方针的主要内容包括确保能源稳定供应、发行绿色经济转型债券进行前期投资、实施碳定价和碳税等措施，以及通过新金融手段鼓励中小型企业的参与。该方针的核心是通过碳定价和债券投资等手段，激励和引导企业进行绿色转型，推动日本实现绿色、低碳的经济。

日本发布《碳足迹实用指南》。2023年5月26日，日本经济产业省和环境省发布了《碳足迹实用指南》，指出不同行业的碳足迹存在明显差异，提出了按行业划分碳足迹实施计划的建议，并针对不同行业提出了碳足迹计算规则和使用方法。同时，为从事碳足迹计算的人员提供了计算指南和工作流程，以推动碳足迹的计算和监测。

日本通过核聚变国家战略。2023年4月14日，日本内阁通过了首个国家核聚变战略。该战略强调了日本政府将鼓励私营企业更广泛参与聚变能研发，并争取在2050年左右实现核聚变发电。为此，政府计划在2024年3月之前成立聚变工业委员会，并制定相关的安全指导方针，同时将优先考虑国内大学的聚变能教育以培养专业人才，吸引海外机构和其他学科的人才。

6.3 中国方案

中华民族自古以来尊重自然、热爱自然。中国高度重视应对气候变化。"绿水青山就是金山银山"，这个理念在当今中国已深入人心。国家提倡像保护眼睛一样保护自然和生态环境，积极推进绿色发展，建设美丽中国。中国正在开展前所未有的应对气候变化行动，正在完善碳达峰碳中和"1+N"政策体系，全国各地各行各业正积极推动经济社会全面绿色转型，已建成全球规模最大的碳交易市场、世界最大的清洁能源走廊之一——长江流域，世界规模最大的抽水蓄能电站之一——河北丰宁抽水蓄能电站（图6.1），还建成世界上面积最广阔的人工林之一——河北塞罕坝人工林（图6.2）。2023年全国可再生能源发电量达到2.33万亿千瓦时，占全国总发电量的31.8%。其中水电9805亿千瓦时、风电6968亿千瓦时、光伏4898亿千瓦时、生物质1640亿千瓦时。光伏发电装机容量已连续8年稳居世界第一，风电装机容量也连续13年稳居世界第一。

图6.1　河北丰宁抽水蓄能电站（新华社，2021）

图6.2　河北塞罕坝人工林（国家林业和草原局，2021）

6.3.1 国家承诺

实现碳达峰碳中和，是党中央经过深思熟虑作出的重大战略决策，事关中华民族永续发展和构建人类命运共同体。2020年9月22日，习近平总书记在第七十五届联合国大会一般性辩论上发表重要讲话，宣布中国将提高国家自主贡献力度，采取更加有力的政策和措施，二氧化碳排放力争于2030年前达到峰值，努力争取2060年前实现碳中和。习近平总书记还在2020年9月30日的联合国生物多样性峰会、2020年11月12日的第三届巴黎和平论坛、2020年11月22日的二十国集团领导人利雅得峰会、2020年12月12日的气候雄心峰会、2021年1月25日的世界经济论坛"达沃斯议程"对话会、2021年4月22日的领导人气候峰会、2021年7月6日的中国共产党与世界政党领导人峰会、2021年7月16日的亚太经合组织领导人非正式会议等场合发表重要讲话，多次提及我国二氧化碳排放力争于2030年前达到峰值，努力争取2060年前实现碳中和。

习近平总书记代表中国向世界作出的碳达峰碳中和庄严承诺，展现了作为最大发展中国家在全球气候治理中的大国担当。我国还通过加强国际合作来推进国家承诺兑现，比如，根据《中美应对气候危机联合声明》《中国与拉共体成员国重点领域合作共同行动计划（2022—2024）》，我国将在双碳领域加强与美国、拉共体的合作。为了将承诺转化为行动，中共中央、全国人民代表大会、全国人大常委会、国务院、最高人民法院发布了一系列中央法规（表6.2），指导各地区、各部门、各行业展开碳达峰碳中和工作。

中国正在为实现"双碳"目标而努力，也在帮助"一带一路"共建国家能源供给向高效、清洁、多元化方向加速转型。中国主要金融机构已经签署了《"一带一路"绿色投资原则》。在环境和气候风险评估上，《原则》制定了相关的工具箱，金融机构可用其测算项目碳排放水平，提高气候环境风险管理能力。人民银行鼓励中外金融机构进一步落实《原则》，科学评估相关风险，更加重视绿色投融资，共同促进"一带一路"绿色可持续发展。

随着碳减排成为大势所趋，中国大型能源企业也在加快推进海外的清洁能源布局。例如，中国长江三峡集团有限公司相关负责人介绍，围绕"在2025年基本建成世界一流清洁能源集团和国内领先生态环保企业"的目标，集团将全力打造沿江最大清洁能源走廊、沿江最大绿色生态走廊、沿海最大海上风电走廊、"一带一路"国际清洁能源走廊等"四大走廊"。

表6.2　履行国家双碳承诺的代表性中央法规

序号	发布部门	中央法规	发布日期	关于双碳的论述
1	全国人民代表大会	《中华人民共和国国民经济和社会发展第十四个五年规划和2035年远景目标纲要》	2021-03-11	锚定努力争取2060年前实现碳中和，采取更加有力的政策和措施
2	中共中央、国务院	《中共中央 国务院关于完整准确全面贯彻新发展理念做好碳达峰碳中和工作的意见》	2021-09-22	我国双碳目标行动的纲领性、指导性文件，是双碳目标"1+N"政策体系中的"1"
3	最高人民法院	《关于新时代加强和创新环境资源审判工作 为建设人与自然和谐共生的现代化提供司法服务和保障的意见》	2021-10-08	助力实现碳达峰碳中和目标。准确把握碳排放权、碳汇、碳衍生品等涉碳权利的经济属性、公共属性和生态属性，依法妥当处理涉及确权、交易、担保以及执行的相关民事纠纷。支持和监督行政机关依法查处碳排放单位虚报、瞒报温室气体排放报告、拒绝履行温室气体排放报告义务等违法行为
4	中共中央、国务院	《国家标准化发展纲要》	2021-10-10	建立健全碳达峰碳中和标准
5	国务院	《2030年前碳达峰行动方案》	2021-10-24	为深入贯彻落实党中央、国务院关于碳达峰碳中和的重大战略决策，扎实推进碳达峰行动，制定本方案
6	中共中央、国务院	《中共中央 国务院关于深入打好污染防治攻坚战的意见》	2021-11-02	我国实现碳达峰碳中和任务艰巨
7	国务院	《"十四五"现代综合交通运输体系发展规划》	2021-12-09	落实碳达峰碳中和目标要求，贯彻总体国家安全观，强化资源要素节约集约利用，推动交通运输绿色低碳转型，加强运行安全和应急处置能力建设，提升国际互联互通和运输保障水平，保障产业链供应链安全
8	国务院	《"十四五"市场监管现代化规划》	2021-12-14	建立健全碳达峰碳中和标准体系，分行业制定和修订并严格执行能耗限额强制性国家标准，清理妨碍优胜劣汰的不合理政策和措施，促进落后和过剩产能有序退出

序号	发布部门	中央法规	发布日期	关于双碳的论述
9	全国人大常委会	《中华人民共和国科学技术进步法（2021年修订）》	2021-12-24	国家鼓励科学技术研究开发，推动应用科学技术改造，提升传统产业、发展高新技术产业和社会事业，支撑实现碳达峰碳中和目标，催生新发展动能，实现高质量发展
10	国务院	《"十四五"节能减排综合工作方案》	2021-12-28	优化完善能耗双控制度，加强能耗双控政策与碳达峰碳中和目标任务的衔接
11	国务院	《计量发展规划（2021—2035年）》	2021-12-31	完善温室气体排放计量监测体系、建立碳排放计量审查制度等举措，支撑碳达峰碳中和目标实现
12	中共中央、国务院	《中共中央 国务院关于加快建设全国统一大市场的意见》	2022-03-25	建设全国统一的能源市场
13	最高人民法院	《最高人民法院关于完整准确全面贯彻新发展理念 为积极稳妥推进碳达峰碳中和提供司法服务的意见》	2023-02-17	落实二十大关于绿色发展的要求，对标《中共中央 国务院关于完整准确全面贯彻新发展理念做好碳达峰碳中和工作的意见》主要任务

资料来源：北大法宝数据库

表6.2列出的13个与双碳目标相关的代表性中央法规，既有指导双碳目标工作的纲领性文件，也有国家"十四五"规划和立法，还有重要领域的规划和行动方案。这些代表性中央法规既是我国兑现国家双碳目标承诺的保障，也是我国各地、各行业、各领域落实双碳目标的遵循和指引。

6.3.2　行业举措

中央政府各部门发布的行政法规或部门规章通常针对某个或某些行业（领域），对行业或领域的双碳工作具有指引、指导、约束、监督等作用。截至2022年4月，各政府部门机构发布了双碳相关（正文内容含"碳达峰"或"碳中和"）的行政法规、部门规章和行业规定，大部分是在2021年发布的。表6.3列出了行业举措的一些代表性行政法规、部门规章和行业规定。相关政策既有单一部门发布的，如《关于进一步深化燃煤发电上网电价市场化改革的通知》由国家发展改革委单独发布（序号13），也有多部门联合发布的，如《对外投资合作绿色发展工作指引》由商务部、生态环境部联合发布（序号2）。

表6.3　行业举措的双碳相关行政法规和部门规章

序号	发布部门	行政法规或部门规章	发布时间	行业或领域
1	国家发展改革委等9部门	《建立市场化、多元化生态保护补偿机制行动计划》	2018-12-28	林业碳汇
2	生态环境部	《大型活动碳中和实施指南（试行）》	2019-05-29	赛事、展览、会议、论坛等
3	国家发展改革委等5部门	《关于引导加大金融支持力度 促进风电和光伏发电等行业健康有序发展的通知》	2021-02-24	风电、光伏
4	国家发展改革委、能源局	《关于推进电力源网荷储一体化和多能互补发展的指导意见》	2021-02-25	电力
5	工业和信息化部办公厅、农业农村部办公厅、商务部办公厅、国家能源局综合司	《关于开展2021年新能源汽车下乡活动的通知》	2021-03-26	新能源汽车
6	国家发展改革委	《关于钢铁冶炼项目备案管理的意见》	2021-04-27	钢铁冶炼
7	国家发展改革委	《关于"十四五"时期深化价格机制改革行动方案的通知》	2021-05-18	石油天然气、电力
8	市场监管总局等7部门	《关于提升水泥产品质量规范水泥市场秩序的意见》	2021-05-21	水泥行业
9	工业和信息化部等6部委	《关于加快培育发展制造业优质企业的指导意见》	2021-06-01	制造业
10	国家发展改革委办公厅	《关于请报送二氧化碳捕集利用与封存（CCUS）项目有关情况的通知》	2021-06-17	二氧化碳捕集利用与封存（CCUS）项目
11	中国外汇交易中心暨全国银行间同业拆借中心	《关于发布CFETS银行间绿色债券指数与CFETS银行间碳中和债券指数的通知》	2021-07-01	金融业
12	商务部、生态环境部	《对外投资合作绿色发展工作指引》	2021-07-09	对外投资绿色合作行业

序号	发布部门	行政法规或部门规章	发布时间	行业或领域
13	国家发展改革委、能源局	《关于加快推动新型储能发展的指导意见》	2021-07-15	电力
14	国家发展改革委、国家能源局	《关于鼓励可再生能源发电企业自建或购买调峰能力增加并网规模的通知》	2021-07-29	电力
15	交通运输部、科学技术部	《关于科技创新驱动加快建设交通强国的意见》	2021-08-25	交通
16	国家发展改革委等11部委	《关于整治虚拟货币"挖矿"活动的通知》	2021-09-03	虚拟货币"挖矿"活动
17	工业和信息化部、人民银行、银保监会、证监会	《关于加强产融合作推动工业绿色发展的指导意见》	2021-09-03	产融合作
18	商务部	《关于茧丝绸行业"十四五"发展的指导意见》	2021-09-09	茧丝绸产品碳足迹标准体系研究
19	国家发展改革委等8部门	《关于促进地热能开发利用的若干意见》	2021-09-10	地热能
20	工业和信息化部办公厅、生态环境部办公厅	《关于开展京津冀及周边地区2021—2022年采暖季钢铁行业错峰生产的通知》	2021-09-30	钢铁行业
21	国家发展改革委	《关于进一步深化燃煤发电上网电价市场化改革的通知》	2021-10-11	电力
22	国家发展改革委等5部门	《关于严格能效约束推动重点领域节能降碳的若干意见》	2021-10-18	冶金、建材、石化化工重点行业
23	中共中央办公厅、国务院办公厅	《关于推动城乡建设绿色发展的意见》	2021-10-21	建筑领域
24	国家发展改革委、国家能源局	《关于开展全国煤电机组改造升级的通知》	2021-10-29	电力
25	青海省人民政府、文化和旅游部	《青海打造国际生态旅游目的地行动方案》	2021-11-03	旅游业
26	工业和信息化部办公厅、市场监管总局办公厅	《关于组织开展2021年度重点用能行业能效"领跑者"遴选工作的通知》	2021-11-05	重点用能行业

序号	发布部门	行政法规或部门规章	发布时间	行业或领域
27	国家林业和草原局等10部门	《关于加快推进竹产业创新发展的意见》	2021-11-11	竹产业
28	国家发展改革委等5部门	《高耗能行业重点领域能效标杆水平和基准水平（2021年版）》	2021-11-15	高耗能行业
29	工业和信息化部办公厅等6厅局	《关于组织开展2021年国家绿色数据中心推荐工作的通知》	2021-11-22	国家绿色数据中心
30	中国人民银行、市场监管总局、银保监会、证监会	《金融标准化"十四五"发展规划》	2021-11-25	绿色金融
31	国务院办公厅	《"十四五"冷链物流发展规划》	2021-11-26	冷链物流
32	国务院国有资产监督管理委员会	《关于推进中央企业高质量发展做好碳达峰碳中和工作的指导意见》	2021-11-27	中央企业涉及国计民生各行业和领域
33	国家发展改革委、中央网信办、工业和信息化部、国家能源局	《贯彻落实碳达峰碳中和目标要求 推动数据中心和5G等新型基础设施绿色高质量发展实施方案》	2021-11-30	大数据产业、5G产业
34	工业和信息化部办公厅	《关于印发2021年碳达峰碳中和专项行业标准制修订项目计划的通知》	2021-12-02	工业
35	中国民用航空局、国家发展改革委、交通运输部	《"十四五"民用航空发展规划》	2021-12-14	航空业
36	国务院办公厅	《要素市场化配置综合改革试点总体方案》	2021-12-21	碳交易市场
37	生态环境部办公厅、国家发展和改革委员会办公厅、工业和信息化部办公厅	《关于开展气候投融资试点工作的通知》	2021-12-21	碳金融
38	国家发展改革委、国家能源局	《关于加快建设全国统一电力市场体系的指导意见》	2022-01-18	电力
39	国家发展改革委、国家能源局	《关于完善能源绿色低碳转型体制机制和政策措施的意见》	2022-01-30	能源行业

续表

序号	发布部门	行政法规或部门规章	发布时间	行业或领域
40	中国人民银行、中国银行保险监督管理委员会、中国证券监督管理委员会、国家外汇管理局	关于金融支持浙江高质量发展建设共同富裕示范区的意见》	2022-03-10	金融
41	国家能源局	《2022年能源工作指导意见》	2022-03-17	能源行业
42	中共中央办公厅、国务院办公厅	《关于推进社会信用体系建设高质量发展促进形成新发展格局的意见》	2022-03-29	碳市场
43	自然资源部、国家林业和草原局	《关于开展2022年全国森林、草原、湿地调查监测工作的通知》	2022-03-31	生态资源
44	工业和信息化部、国家发展和改革委员会	《工业和信息化部、国家发展和改革委员会关于产业用纺织品行业高质量发展的指导意见》	2022-04-12	绿色工厂
45	中国银行保险监督管理委员会、交通运输部	《关于银行业保险业支持公路交通高质量发展的意见》	2022-04-15	绿色金融绿色交通
46	工业和信息化部	《工业和信息化部办公厅关于组织推荐第四批工业产品绿色设计示范企业的通知》	2022-04-19	绿色设计
47	中国外汇交易中心暨全国银行间同业拆借中心	《关于发布CFETS成渝地区债券指数系列等债券指数的通知》	2022-04-20	绿色金融
48	财政部、住房和城乡建设部、工业和信息化部、国家市场监督管理总局	《关于组织申报政府采购支持绿色建材促进建筑品质提升试点城市的通知》	2022-04-26	绿色建材
49	工信部	《工业领域碳达峰碳中和标准体系建设指南（2023版）》（征求意见稿）	2023-05-22	工业领域
50	国家能源局	《国家能源局关于进一步规范可再生能源发电项目电力业务许可管理的通知》	2023-10-07	可再生能源发电项目

资料来源：北大法宝数据库

中国政府各部门将双碳国家承诺转化为各行各业发展的政策指导，转化为各行各业的具体行动。根据表6.3，这些行业包括林业、竹产业、茧丝绸产业、工业、新能源汽车产业、电力行业、冶金、建材、石化、水泥、建筑、旅游、大数据产业、5G产业、赛事、展览、航空、交通、物流、金融，等等。其中电力（序号9—17）、高能耗产业（序号21—27）、金融业（序号40—45）的相关政策较为密集。在密集政策的支持下，我国新能源产业发展迅速。我国一些省市，利用沙漠、戈壁和荒漠地区，大力发展大型光伏和风电基地，取得了显著发展成效。

在党中央、国务院以及各部委双碳政策的指引下，一些代表性企业率先行动起来。比如，2021年5月鞍钢集团发布《鞍钢集团碳达峰碳中和宣言》，2022年1月中核集团发布《关于完整准确全面贯彻新发展理念 做好碳达峰碳中和工作行动纲要》；2022年1月阿里巴巴发布《阿里巴巴碳中和行动报告》，2022年4月中国石油化工集团有限公司的"无废集团"建设试点工作方案获生态环境部批准；2023年5月22日，网商银行发布2022年可持续发展报告（即ESG报告）；2023年5月23日，中国建设银行境外发行生物多样性和"一带一路"双主题绿色债券；2023年5月24日，兴业银行成功落地上海能源科技发展有限公司2023年度第一期绿色资产支持票据。

我国电力行业已经纳入碳排放交易市场。第一个履约周期（2020—2021年）已结束，99.5%的企业完成履约。针对我国碳排放的重点行业，国家发展改革委等5部门制定的《冶金、建材等重点行业严格能效约束推动节能降碳行动方案（2021—2025年）》《石化化工重点行业严格能效约束推动节能降碳行动方案（2021—2025年）》已于2021年10月发布，"1+N"的政策体系正在不断完善中。

6.3.3　地方示范

地方示范体现在两个方面：第一，率先落实国家双碳战略，根据党中央、国务院关于双碳的文件精神，制定地方落实双碳的行动方案，率先部署，率先行动，对其他地区产生示范效应。第二，地方上有双碳的全国性示范基地、示范项目，或有产生全国示范效应的创新举措。根据北大法宝数据库的数据，截至2023年12月，全国各省、自治区、直辖市都制定了双碳相关的法律法规以落实国家的双碳战略，文本中有"碳达峰"和"碳中和"的地方性法规总数达5103个。文本中含"碳达峰"或"碳中和"的地方性法规最多的省份是浙江省（地方性法规数高达471个），最多的直辖市是北京市（地方性法规数为111个），最多的自治区是广西壮族自治区（地方性法规数为308）。

下面以浙江省为例，列出浙江省与双碳目标相关的代表性法律法规41条，见表6.4。从发布部门看，既有浙江省及各市县政府和人大，比如浙江省人民政府、杭州市人民政府、开化县人民政府、湖州市人大（含常委会）；也有浙江省厅局级部门，比如浙江省发改委、机关事务管理局、能源局等；也有国有企业，比如国网浙江省电力有限公司；还有跨区域的机构，比如长三角生态绿色一体化发展示范区执行委员会。从发布时间来看，2021年发布最多，预计2022年及以后年份发布的法律法规数量也会很多。从法律法规涉及的行业或领域来看，涉及电力、能源、金融、节能降碳、绿色发展等。值得注意的是，浙江省还专门制定了控制温室气体排放和应对气候变化的发展规划。

表6.4　浙江省双碳目标相关的代表性法规

序号	发布部门	地方性法规	发布日期	行业或领域
1	杭州市人民政府	关于印发森林杭州行动方案（2011—2015）的通知	2012-11-12	森林
2	杭州市人民政府	关于印发杭州市"十三五"控制温室气体排放实施方案的通知	2017-12-11	温室气体排放
3	丽水市人民政府	关于印发丽水市"十三五"控制温室气体排放实施方案的通知	2018-06-04	温室气体排放
4	浙江省生态环境厅	关于深入实施环保服务高质量发展工程的意见	2020-08-11	环保服务
5	浙江省林业局	关于下达2021年全省新增百万亩国土绿化行动任务的通知	2020-12-23	国土绿化
6	浙江省人民政府	关于推动浙江建筑业改革创新高质量发展的实施意见	2021-03-31	建筑业
7	浙江省经济和信息化厅	关于印发浙江省石油和化学工业"十四五"发展规划的通知	2021-04-14	能源化工
8	浙江省发展改革委、国家能源局浙江监管办公室	关于开展2021年浙江省绿色电力市场化交易试点工作的通知	2021-04-29	绿色电力

序号	发布部门	地方性法规	发布日期	行业或领域
9	浙江省发展改革委、浙江省机关事务管理局	关于实施公共机构电力需求响应集中示范工程的通知	2021-05-07	电力
10	浙江省发展改革委、浙江省能源局	关于印发《浙江省可再生能源发展"十四五"规划》的通知	2021-05-07	能源
11	浙江省经济和信息化厅	关于印发绿色工业园区、绿色工厂建设评价导则的通知	2021-05-07	绿色工业园区、工厂
12	浙江省发展改革委、浙江省能源局	关于印发《浙江省节能降耗和能源资源优化配置"十四五"规划》的通知	2021-05-29	节能降耗
13	浙江省发展改革委、浙江省生态环境厅	关于印发《浙江省空气质量改善"十四五"规划》的通知	2021-05-31	空气质量
14	浙江省发展改革委、浙江省生态环境厅	关于印发《浙江省应对气候变化"十四五"规划》的通知	2021-05-31	应对气候变化
15	浙江省发展改革委、浙江省生态环境厅	关于印发《浙江省生态环境保护"十四五"规划》的通知	2021-05-31	生态环境保护
16	浙江省发展改革委、浙江省能源局	关于印发《浙江省煤炭石油天然气发展"十四五"规划》的通知	2021-06-01	能源
17	浙江省发展改革委、浙江省能源局	关于开展2021年度电力需求响应工作的通知	2021-06-08	电力
18	宁波市能源局、宁波市财政局	关于印发《宁波市电动汽车充电基础设施奖励补贴资金使用管理实施细则》的通知	2021-07-21	电动汽车
19	德清县人民政府	关于印发德清县生态环境保护"十四五"规划的通知	2021-07-23	生态环境保护
20	宁波市住房和城乡建设局	关于开展宁波市绿色建筑（超低能耗建筑）等适宜技术体系调查摸底的通知	2021-08-05	绿色建筑
21	杭州市经济和信息化局	杭州市经济和信息化局、杭州市发展和改革委员会、杭州市生态环境局关于深入推进绿色低碳工业园区、工厂建设的通知	2021-08-20	绿色低碳工业园区、工厂

序号	发布部门	地方性法规	发布日期	行业或领域
22	宁波市经济和信息化局、宁波市生态环境局	关于组织申报2021年度宁波市固体废物利用处置骨干企业的通知	2021-08-27	固废处置示范
23	宁波市交通强市建设领导小组	关于印发《宁波市亚运城市绿色与智慧交通建设专项行动方案》的通知	2021-08-31	绿色交通
24	宁波市生态环境局	关于公布2021年度宁波市固体废物利用处置骨干企业名单的通知	2021-09-28	固废处置示范
25	浙江省生态环境厅	关于印发《浙江省绿色矿山质量再提升三年行动方案（2021—2023年）》的通知	2021-10-08	绿色矿山
26	嘉善县人民政府	关于印发嘉善县国家产融合作试点城市实施方案（2021—2023年）的通知	2021-10-11	绿色金融
27	浙江省生态环境厅等	浙江省生态环境厅关于深化长三角生态绿色一体化发展示范区环评制度改革的指导意见（试行）	2021-10-12	生态绿色一休化发展示范区
28	湖州市人大常委会	湖州市绿色金融促进条例	2021-10-14	绿色金融
29	浙江省发展改革委、浙江省能源局	关于浙江省加快新型储能示范应用的实施意见	2021-11-03	能源
30	浙江省发展改革委、国网浙江省电力有限公司等	关于印发《杭州亚运会绿色电力专项行动方案》的通知	2021-11-12	绿色电力
31	浙江省发展和改革委员会	关于公布《浙江省节能新技术新产品新装备推荐目录（2021年本）》的通知	2021-12-28	节能新技术新产品新装备
32	湖州市吴兴区人民政府	关于印发吴兴区创建全省第一批低碳试点区县专项政策意见的通知	2021-12-29	低碳示范区县
33	开化县人民政府	关于印发生态产品价值实现相关配套制度办法的通知（附：开化县金融助推生态产品价值实现的指导意见、开化县生态价值赋权及质押备案办法（暂行）、开化县项目建设生态价值占补平衡管理办法（暂行）、开化县GEP（调节服务）交易管理办法（暂行））	2021-12-30	金融

序号	发布部门	地方性法规	发布日期	行业或领域
34	浙江省发展改革委、浙江省能源局等	关于严格能效约束推动重点领域节能降碳工作的实施方案	2022-01-04	节能降碳
35	浙江省人民政府	关于加快构建科技创新基金体系的若干意见	2022-01-15	金融
36	浙江省发展改革委	关于虚拟货币"挖矿"用电实行差别电价政策有关事项的通知	2022-02-11	电力
37	中国银行保险监督管理委员会浙江监管局	关于稳定预期激发活力提升金融服务质效的实施意见	2022-02-25	绿色金融
38	杭州市人民政府	关于促进我市建筑业高质量发展的实施意见	2022-02-25	绿色建筑
39	宁波市住房和城乡建设局	宁波市既有公共建筑节能改造技术实施细则	2022-03-04	公共建筑
40	舟山市人民政府	关于印发舟山市科技惠企政策的通知	2022-03-25	科技
41	海盐县人民政府	关于深入推进农业"双强"行动加快农业高质量发展的实施意见	2022-03-29	农业

资料来源:北大法宝数据库

除了浙江省以外,国内其他省、自治区和直辖市也出台了双碳相关的地方性法规、地方规范性文件或地方工作文件。篇幅所限,不一一列举。各地结合当地不同的省情市情,制定不同目标、不同侧重、不同路径的碳达峰碳中和行动方案,因地制宜,彰显地方特色。比如,中国人民银行、国家发展改革委、财政部等2021年12月13日印发《成渝共建西部金融中心规划》,支持重庆、成都成为中欧绿色金融标准认定及应用试点城市,在碳排放计量和认证、零碳技术孵化与应用等方面加强与欧盟合作。因成渝与欧盟有很好的前期贸易合作基础,比如渝新欧铁路、蓉新欧铁路。在此基础上,国家支持重庆、成都加强与欧盟的绿色金融、碳排放计量等领域合作。该政策彰显了重庆、成都的地域特色。

除地方出台双碳相关政策措施以外,还有一些地方示范是项目示范、基地示范、技术示范等。例如,柳州位于中国广西壮族自治区中部偏北地区,是广西壮族自治区最大的工业基地和区域制造业城市，柳州的汽车产业是其第一大支柱产业。2016年底，柳州市政府发布了《柳州市推进新能源汽车产业发展的若干意见》，宣布要重点扶持新能源汽车整车研发设计及其产业化发展。几年来，柳州市政府通过一系列扶持政策和创新举措，促进了当地新能源汽车产业的快速发展，并将柳州打造为"电动汽车之都"。

6.3.4 基层治理

双碳基层治理涉及多方面，碳达峰碳中和政策执行的监督与执法、基层碳达峰碳中和体制机制创新等都属于基层治理的内容。

基层双碳监管与执法。比如，2021年12月安徽省发布《温室气体重点排放单位名录确认事中事后监管细则》和《温室气体重点排放单位排放权配额分配事中事后监管细则》，对4种行为依法给予处分，构成犯罪的，依法追究刑事责任。又比如，2022年1月1日，苏州查处全国首起碳排放配额未按期履约违法案件。

基层双碳体制机制创新。2020年11月，广东省肇庆市怀集县桥头镇红光村获120万元"绿碳贷"授信额度。2021年12月，浙江省丽水市成立全国首个市级森林碳汇管理局，浙江安吉上线全国首个县级竹林碳汇收储交易平台，广东首个"碳中和"综合能源示范村——清远市清城区源潭镇新马村并网成功。2022年3月和4月，县级森林碳汇管理局——安吉县森林碳汇管理局和洪雅县森林碳汇管理局先后成立，这些都是基层机制创新的典型案例。

【拓展阅读】

（1）法比尤斯.中国对执行《巴黎协定》发挥关键作用[N].人民日报，2020-12-06(3).

（2）孙广勇，程是颉，赵益普，等.应对气候变化南南合作有实效[N].人民日报，2022-01-07(16).

（3）新华社.中非应对气候变化合作宣言[N].人民日报，2021-12-02(16).

（4）俞懿春,周卓斌,邢雪,等.中国为应对气候变化作出积极贡献[N].人民日报,2021-12-02(16).

（5）王惠兵.福建:首次实现"零碳协商"[N].人民政协报,2021-11-11(1).

（6）丁薛祥在联合国气候变化迪拜大会世界气候行动峰会上的发言[N].人民日报海外版,2023-12-02(2).

【思考与练习】

（1）《京都议定书》的主要内容有哪些?

（2）《巴黎协定》的长远目标是什么?

（3）国外最大的碳交易市场在哪里?

（4）我国为什么要实施双碳战略?

参考答案:

（1）三方面:"共同但有区别的责任"原则、量化的减排目标、灵活的机制。

（2）确保全球平均气温较工业化之前水平的升高控制在1.5~2℃。

（3）欧盟。

（4）实现双碳目标,不是别人让我们做,而是我们自己必须要做。我国已进入新发展阶段,推进双碳工作是破解资源环境约束突出问题、实现可持续发展的迫切需要,是顺应技术进步趋势、推动经济结构转型升级的迫切需要,是满足人民日益增长的优美生态环境需要、促进人与自然和谐共生的迫切需要,是主动担当大国责任、推动构建人类命运共同体的迫切需要。

【体验与实践】

搜集资料,了解你的家乡所在地如何落实国家的双碳战略。

参考文献

[1] 苗润莲,童爱香.北京冬奥:科技助力碳中和[N].光明日报,2022-01-15(9).

[2] 郭思邈,初梓瑞.习近平在中共中央政治局第三十六次集体学习时强调深入分析推进碳达峰碳中和工作面临的形势任务扎扎实实把党中央决策部署落到实处[N].人民日报,2022-01-26(1).

[3] 王灿,张九天.碳达峰,碳中和迈向新发展路径[M].北京:中共中央党校出版社,2021.

[4] 陈迎,巢清尘,等.《碳达峰、碳中和100问》[M].北京:人民日报出版社,2021.

[5] 中国长期低碳发展战略与转型路径研究课题组.读懂碳中和[M].北京:中信出版集团股份有限公司出版社,2021.

[6] 中国城市温室气体工作组.中国产品全生命周期温室气体排放系数集(2022)[M].北京:中国环境出版集团,2022.

[7] 郭天宠,彭训文.化旧物为资源 变浪费为消费 旧衣服也能成宝贝[N].人民日报海外版,2022-05-30.

[8] 齐志明,李茂颖.绿色出行助力低碳生活(消费视窗·绿色消费新观察④)[N].人民日报,2022-03-30(19).

[9] 鞠鹏.习近平在气候雄心峰会上发表重要讲话[J].中国发展观察,2020(24):2.

[10] 徐东.26届联合国气候大会:与会者盛赞中美签订气候联合宣言[J].石油商报,2021(4):4-6.

[11] 朱法华,王玉山,徐振,等.中国电力行业碳达峰、碳中和的发展路径研究[J].电力科技与环保,2021.

[12] 徐烨.节约用水这么干[N].人民日报,2018-07-05(13).

[13] 刘建翠.中国交通运输部门节能潜力和碳排放预测[J].资源科学,2011,33(4):640-646.

[14] WU T, ZHAO H, OU X. Vehicle ownership analysis based on GDP per capita in China：1963—2050[J]. Sustainability, 2014, 6(8): 4877-4899.

[15] World Tourism Organization and International Transport Forum. Transport-related CO_2 emissions of the tourism sector - modelling results[M]. Madrid：UNWTO Elibrary,2019.

[16] 刘建华.国内燃煤锅炉富氧燃烧技术进展[J].热力发电,2020,49(7):48-54.

[17] 张引弟,胡多多,刘畅,等.石油石化行业 CO_2 捕集、利用和封存技术的研究进展[J].油气储运,2017,36(6):636-645.

[18] 李鹤.1995 年—2009 年东北地区工业部门 CO_2 排放演变及影响因素分析[J].资源科学,2012,34(2):309-315.

[19] FISHER J C, SIRIWARDANE R V, STEVENS R W. Process for CO_2 capture from high-pressure and moderate-temperature gas streams [J]. Industrial & Engineering Chemistry Research, 2012, 28(9):5936-5941.

[20] CRISTINA B. Performance of an IGCC plant with carbon capture and coal-CO_2-slurry feed: impact of coal rank, slurry loading, and syngas cooling technology[J]. Industrial & Engineering Chemistry Research, 2012, 51 (36), 11778-11790.

[21] HASZELDINE R S. Carbon capture and storage: how green can black be?[J]. Science, 2009, 325(5948):1647-1652.

[22] DAI Z X, ZHANG Y, STAUFFERA P, et al. Injectivity evaluation for offshore CO_2 sequestration in marine sediments [J]. Energy Procedia, 2017, 114: 2921-2932.

[23] 曾诗鸿,李根,翁智雄,等.面向碳达峰与碳中和目标的中国能源转型路径研究[J].环境保护,2021,49(16):26-29.

[24] 王敏生,姚云飞.碳中和约束下油气行业发展形势及应对策略[J].石油钻探技术,2021,49(5):1-6.

[25] 孙玉景,周立发,李越.CO_2海洋封存的发展现状[J].地质科技情报,2018(4):212-218.

[26] 司进,张运东,刘朝辉,等.国外大石油公司碳中和战略路径与行动方案[J].国际石油经济,2021,29(7):28-35.

[27] 秦海林,封殿胜.握制造业高质量发展的战略机遇[N].经济日报,2020-12-25(11).

[28] 王锋,周化岚,张建国.太阳能驱动二氧化碳转化[J].自然杂志,2021,43(01):61-70.

[29] 柯楠,卢新海,匡兵,等.碳中和目标下中国耕地绿色低碳利用的区域差异与影响因素[J].中国土地科学,2021,35(8):67-76.

[30] 饶建鑫.基于天然气原料的甲醇生产中的二氧化碳利用综述[J].中国设备工程,2021(5):258-259.

[31] 上官方钦,刘正东,殷瑞钰.钢铁行业"碳达峰""碳中和"实施路径研究[J].中国冶金,2021,31(9):15-20.

[32] 李光霁,刘新玲.汽车轻量化技术的研究现状综述[J].材料科学与工艺,2020,28(5):47-61.

[33] 高赐威,吴茜.电动汽车换电模式研究综述[J].电网技术,2013,37(4):891-898.

[34] 王伟建,郑小慧,晁会霞,等.二氧化碳利用新途径的研究进展评述[J].钦州学院学报,2018,33(5):16-22,48.

[35] 魏伟.二氧化碳利用研究进展[C]//中国化学会第一届全国二氧化碳资源化利用学术会议论文集,2019:41-41.

[36] 王贺,吴秋颖.二氧化碳的回收与利用[J].中国新技术新产品,2016(8):140-140.

[37] 李家奥.基于人工智能的植物碳含量模型的建立[J].新农业,2020(3):4-7.

[38] 范德成,张修凡.基于PSO-BP神经网络模型的中国碳排放情景预测及低碳发展路径研究[J].中外能源,2021,26(8):11-19.

［39］段福梅.中国二氧化碳排放峰值的情景预测及达峰特征——基于粒子群优化算法的BP神经网络分析[J].东北财经大学学报,2018(5):19-27.

［40］姜联合.全球碳循环:从基本的科学问题到国家的绿色担当[J].科学,2021,73(1):39-43.

［41］王建行,赵颖颖,李佳慧,等.二氧化碳的捕集、固定与利用的研究进展[J].无机盐工业,2020,52(4):12-17.

［42］蔡博峰,李琦,张贤,等.中国二氧化碳捕集利用与封存(CCUS)年度报告(2021)——中国CCUS路径研究[R].生态环境部环境规划院,中国科学院武汉岩土力学研究所,中国21世纪议程管理中心,2021.

［43］赵雄飞,李远利.基于LSTM模型的中国CO_2排放量预测影响因素分析[J].中国市场,2021(22):15-16.

［44］王珂珂,牛东晓,甄皓,等.基于WOA-ELM模型的中国碳排放预测研究[J].生态经济,2020,36(8):20-27.

［45］刘卫东,唐志鹏,夏炎,等.中国碳强度关键影响因子的机器学习识别及其演进[J].地理学报,2019,74(12):2592-2603.

［46］CAO Z, HAN X, LYONS W, et al. Energy management optimisation using a combined Long Short-Term Memory recurrent neural network—Particle Swarm Optimisation model[J]. Journal of Cleaner Production, 2021, 326: 129246.

［47］张聪,樊小毅,刘晓腾,等.边缘计算使能智慧电网[J].大数据,2019,5(2):64-78.

［48］周徐,方东旭,廖亚.5G基站节能策略研究[J].中国新技术新产品,2021(14):42-44.

［49］马维锟.基于AI技术下的5G基站智能节能科技研究[J].中小企业管理与科技(上旬刊),2021(9):182-184.

［50］杨赞.引爆科技圈的"元宇宙"[J].方圆,2021(31):66-67.

［51］潘魏,吴易轩,周永权.多元宇宙优化算法应用于聚类分析[J].广西科学,2017,24(3):263-273,278.

［52］LI P, PAN S Y, PEI S, et al. Challenges and perspectives on carbon fixation and utilization technologies: an overview [J]. Aerosol and Air Quality Research, 2016,16(6): 1327-1344.

[53] IEA. CO$_2$ capture and storage : a key carbon abatement option [M]. Paris: OECD Publishing, 2008.

[54] KUMAR A, MADDEN D G, LUSI M, et al. Direct air capture of CO$_2$ by physisorbent materials [J]. Angewandte Chemie International Edition, 2015, 54 (48):14372-14377.

[55] MECHLERI E, BROWN S, FENNELL P S, et al. CO$_2$ capture and storage (CCS)cost reduction via infrastructure right-sizing [J]. Chemical Engineering Research and Design, 2017,119:130-139.

[56] 陈晓红,胡东滨,曹文治,等.数字技术助推我国能源行业碳中和目标实现的路径探析[J].中国科学院院刊,2021(9):1019-1029.

[57] 方陵生.为二氧化碳排放算笔账[J].世界科学,2007(11):17-18.

[58] RAMARAJ R, TSAI D W, CHEN P H. Carbon dioxide fixation of freshwater microalgae growth on natural water medium [J]. Ecological Engineering, 2015,75(78):86-92.

[59] FERNÁNDEZ F, GONZÁLEZ-LÓPEZ C V, Sevilla J, et al. Conversion of CO$_2$ into biomass by microalgae: how realistic a contribution may it be to significant CO$_2$ removal? [J]. Applied Microbiology & Biotechnology, 2012, 96 (3): 577-586.

[60] JUDD S, BROEKE L, SHURAIR M, et al. Algal remediation of CO$_2$ and nutrient discharges: A review [J]. Water Research, 2015, 87:356-366.

[61] HSUEH H T, CHU H, YU S T. A batch study on the bio-fixation of carbon dioxide in the absorbed solution from a chemical wet scrubber by hot spring and marine algae[J]. Chemosphere, 2007, 66(5):878-886.

[62] ZHENG X Y, DIAO Y F, HE B S, et al. Carbon dioxide recovery from flue gases by ammonia scrubbing[C]//Proceedings of the 6th international conference on greenhouse gas control technologies.Elsevier Ltd,2003:193-197.

[63] 宿辉,崔琳.二氧化碳的吸收方法及机理研究[J].环境科学与管理,2006 (8): 79-81.

[64] 周维卫,传秀云,周述慧.蛇纹石及其固体废弃物固定CO$_2$的研究现状[J].

矿物学报,2010,30(S1):179-180.

[65] BOBICKI E R, LIU Q, XU Z, et al. Carbon capture and storage using alkaline industrial wastes[J]. Progress in Energy and Combustion Science, 2012, 38(2): 302-320.

[66] ARIAS B, ALONSO M, ABANADES C. CO_2 capture by calcium looping at relevant conditions for cement plants: experimental testing in a 30 kW$_{th}$ pilot plant [J]. Industrial & Engineering Chemistry Research, 2017, 56(10): 2634-2640.

[67] 谢和平,谢凌志,王昱飞,等.全球二氧化碳减排不应是CCS,应是CCU[J].工程科学与技术,2012,44(4):1-5.

[68] GIWA A, DUFOUR V, Al MARZOOQI F, et al. Brine management methods: recent innovations and current status[J]. Desalination, 2017, 407: 1-23.

[69] 付加锋.排污权交易和碳排放权交易比较研究[M].北京:中国环境出版集团,2021.

[70] 戴彦德,等.碳交易制度研究[M].北京:中国发展出版社,2014.

[71] 蓝虹.碳金融与业务创新[M].北京:中国金融出版社,2021.

[72] 杜莉.中国碳金融交易内在运行和管理机制研究[M].北京:中国社会科学出版社,2021.

[73] 王红玲,徐浩."双碳"目标下中国碳金融发展现状、存在问题与对策建议[J].农村金融研究,2021,(10):3-8.

[74] 马丽丽,赵华伟.国内外碳金融研究综述[J].区域金融研究,2021,(8):12-17.

[75] 杜莉,孙兆东,汪蓉.中国区域碳金融交易价格及市场风险分析[J].武汉大学学报(哲学社会科学版),2015(2):86-93.

[76] 石敏俊,袁永娜,周晟吕,等.碳减排政策:碳税,碳交易还是两者兼之?[J].管理科学学报,2013,16(9):9-19.

[77] 齐绍洲,王班班.碳交易初始配额分配:模式与方法的比较分析[J].武汉大学学报(哲学社会科学版),2013,66(5):19-28.

[78] 张帆,李佐军.中国碳交易管理体制的总体框架设计[J].中国人口·资源与环境,2012,22(9):20-25.

[79] 杜莉,李博.利用碳金融体系推动产业结构的调整和升级[J].经济学家,2012,(6):45-52.

[80] 谭志雄,陈德敏.区域碳交易模式及实现路径研究[J].中国软科学,2012,(4):76-84.

[81] 雷立钧,荆哲峰.国际碳交易市场发展对中国的启示[J].中国人口·资源与环境,2011,21(4):30-36.

[82] 王遥,刘倩.碳金融市场:全球形势、发展前景及中国战略[J].国际金融研究,2010(9):64-70.

[83] 郇志坚,李青.碳金融:原理、功能与风险[J].金融发展评论,2010(8):102-122.

[84] 唐跃军,黎德福.环境资本、负外部性与碳金融创新[J].中国工业经济,2010(6):5-14.

[85] 初昌雄.我国碳金融发展现状与发展策略[J].经济学家,2010(6):80-86.

[86] 王倩,等.中国碳金融的发展策略与路径分析[J].社会科学辑刊,2010(3):147-151.

[87] 阎庆民.构建以"碳金融"为标志的绿色金融服务体系[J].中国金融,2010,(4):41-44.

[88] 周宏春.世界碳交易市场的发展与启示[J].中国软科学,2009(12):39-48.

[89] 陈游.碳金融:我国商业银行的机遇与挑战[J].财经科学,2009(11):8-15.

[90] 吴玉宇.我国碳金融发展及碳金融机制创新策略[J].上海金融,2009(10):26-29.

[91] 曾刚,万志宏.国际碳金融市场:现状、问题与前景[J].国际金融研究,2009(10):19-25

[92] 刘斌,赵飞.欧盟碳边境调节机制对中国出口的影响与对策建议[J].清华大学学报(哲学社会科学版),2021,36(6):185-194,210.

[93] 杨成玉.欧盟绿色发展的实践与挑战——基于碳中和视域下的分析[J].德国研究,2021,36(3):79-97,154-155.

[94] 姜婷婷,徐海燕.欧盟碳边境调节机制的性质、影响及我国的应对举措[J].

国际贸易，2021(9):38-44.

[95] 樊星,秦圆圆,高翔.IPCC第六次评估报告第一工作组报告主要结论解读及建议[J].环境保护,2021,49(Z2):44-48.

[96] 魏凤,任小波,高林,等.碳中和目标下美国氢能战略转型及特征分析[J].中国科学院院刊,2021(9):1049-1057.

[97] 梁晓菲,吕江.碳达峰、碳中和与路径选择:英国绿色低碳转型20年(2000—2020年)的启示[J].宁夏社会科学,2021(5):55-65.

[98] 姚颖,刘侃,费成博,等.美国碳边境调节机制工作进展及思考[J].环境保护,2021,49(10):69-74.

[99] 韩立群.欧盟碳关税政策及其影响[J].现代国际关系,2021(5):51-59,61.

[100] 陈其针,王文涛,卫新锋,等.IPCC的成立、机制、影响及争议[J].中国人口·资源与环境,2020,30(5):1-9.

[101] 季华.《巴黎协定》实施机制与2020年后全球气候治理[J].江汉学术,2020,39(2):46-53.

[102] 龙英锋,丁鹤.英国气候变化税与碳排放权交易综合运用的经验及借鉴[J].税务研究,2020(1):82-85.

[103] 张肖阳.后《巴黎协定》时代气候正义基本共识的达成[J].中国人民大学学报,2018,32(6):90-100.

[104] 潘勋章,王海林.巴黎协定下主要国家自主减排力度评估和比较[J].中国人口·资源与环境,2018,28(9):8-15.

[105] 张超,边永民.《巴黎协定》下国际合作机制研究[J].环境保护,2018,46(16):66-69.

[106] 梁晓菲.论《巴黎协定》遵约机制:透明度框架与全球盘点[J].西安交通大学学报(社会科学版),2018,38(2):109-116.

[107] 宋英.《巴黎协定》与全球环境治理[J].北京大学学报(哲学社会科学版),2016,53(6):59-67.

[108] 于宏源.《巴黎协定》、新的全球气候治理与中国的战略选择[J].太平洋学报,2016,24(11):88-96.

[109] 樊威.英国碳市场执法监管机制对中国的启示[J].科技管理研究,2016,

36（17）：235-240.

[110] 肖兰兰. 中国对IPCC评估报告的参与、影响及后续作为[J]. 国际展望，2016，8（2）：59-77.

[111] 董亮，张海滨. IPCC如何影响国际气候谈判——一种基于认知共同体理论的分析[J]. 世界经济与政治，2014（8）：64-83，157-158.

[112] 葛兴安，林丹妮. 德国碳排放权交易管理架构与职能[J]. 开放导报，2013（3）：73-75.

[113] 吕晓莉，缪金盟. IPCC在气候变化全球治理中的作用研究[J]. 国际论坛，2011，13（6）：34-40.

[114] 孙钰. 依靠科学技术手段应对气候变化——访IPCC第四次评估报告第一工作组联合主席秦大河[J]. 环境保护，2007（11）：6-9.

[115] 全球气候变化的最新科学事实和研究进展——IPCC第一工作组第四次评估报告初步解读[J]. 环境保护，2007（11）：27-30.

[116] 自然和人类环境正在遭受气候变化的影响——IPCC第二工作组第四次评估报告初步解读[J]. 环境保护，2007（11）：31-33.

[117] 人类减缓气候变化的途径和前景——IPCC第三工作组第四次评估报告初步解读[J]. 环境保护，2007（11）：34-35.

[118] 苏杨.《京都议定书》的前世、今生和未来[J]. 生态经济，2005（4）：8-15.

[119] 韩昭庆.《京都议定书》的背景及其相关问题分析[J]. 复旦学报（社会科学版），2002（2）：100-104.

[120] 潘家华. 国家利益的科学论争与国际政治妥协——联合国政府间气候变化专门委员会《关于减缓气候变化社会经济分析评估报告》述评[J]. 世界经济与政治，2002（2）：55-59.

[121] 陈迎，庄贵阳.《京都议定书》的前途及其国际经济和政治影响[J]. 世界经济与政治，2001（6）：39-45.

[122] 张庆阳，胡英，田静. IPCC关于气候变化影响的最新评估综述[J]. 环境保护，2001（5）：39-41.

[123] 周国清，黄帅，张广运，等. 多类型调频连续波激光雷达测距原理与仿真分析[J]. 激光与红外，2017，47（12）：1479-1485.

[124] 刘经南，詹骄，郭迟，等. 智能高精地图数据逻辑结构与关键技术[J]. 测

绘学报, 2019, 48(8):939-953.

[125] BAUER S, ALKHORSHID Y, WANIELIK G. Using High-Definition maps for precise urban vehicle localization[C]//2016 IEEE 19th international conference on intelligent transportation systems (ITSC). IEEE, 2016: 492-497.

[126] LIU C, LEE S, VARNHAGEN S, et al. Path planning for autonomous vehicles using model predictive control[C]//2017 IEEE intelligent vehicles symposium (IV). IEEE, 2017: 174-179.

[127] 李慧明.《巴黎协定》与全球气候治理体系的转型[J].国际展望, 2016, 8(2):1-20,151-152.

[128] 岳改玲,雷鸣.新闻报道中的气候科学:以《人民日报》对IPCC的呈现为例(1988~2014年)[J].中国出版, 2015(21):30-33.

[129] 程豪.碳排放怎么算——《2006年IPCC国家温室气体清单指南》[J].中国统计, 2014(11):28-30.

[130] 董利苹,曾静静,曲建升,等.欧盟碳中和政策体系评述及启示[J].中国科学院院刊, 2021(12): 1463-1470.

[131] 张宇宁,王克,向月皎,等.碳中和背景下美国回归全球气候治理的行动、影响及中国应对[J].全球能源互联网, 2021, 4(6):560-567.

[132] 张丽娟,刘亚坤.日本制定绿色发展战略到2050年实现碳中和[J].科技中国, 2021(5):21-23.

[133] 焦金林.《京都议定书》及各国利益博弈研究[D].上海:上海交通大学,2011.

[134] 赵敏,胡静,汤庆合,等.温室气体监测研究进展及对我国的启示[J].环境科技, 2012, 25(4): 75-78.

[135] 曹军,汪琦,徐政,等.我国环境空气中温室气体监测技术研究进展[J].环境监测与预警, 2022, 14(1): 1-6.

[136] 汪巍,刘冰,李健军.大气温室气体浓度在线监测方法研究进展[J].环境工程, 2015(6): 125-128.

[137] 齐芳.我国已具备全球空间碳监测能力[N].光明日报,2021-08-18(8).

[138] 郑秋红.气候变化专门评估机构——IPCC发展历程[J].气象科技进展, 2014,4(6):81-83.

[139] 朱民.范式变更:碳中和的长潮与大浪[M].北京:中译出版社,2023.

[140] 陈迎."双碳"目标与绿色低碳发展十四讲[M].北京:人民日报出版社,2023.

[141] 丁涛,宋马林,等.中国推进"双碳"目标:效率评价、影响机制与实现路径[M].北京:经济科学出版社,2022.

[142] 胡迎超,杨远东."双碳"目标背景下的高温碳捕集技术[M].北京:中国环境出版集团,2023.

[143] 李少林."双碳"目标下环保政策研究:作用机制、实证效果与路径优化[M].北京:中国社会科学出版社,2023.

[144] 刘强,袁铨.碳中和产业路线[M].北京:社会科学文献出版社,2022.

[145] 王金南,蔡博峰.久久为功 稳扎稳打统筹有序系统科学推进碳达峰碳中和[N].人民日报,2022-04-22(9).

[146] 正确处理"双碳"承诺和自主行动的关系[N].人民日报,2023-08-15(5).

[147] 谢卫群,中国开发区"绿色双碳百园计划"启动[N].人民日报,2023-08-09(14).

[148] 寇江泽,丁怡婷.积极稳妥推进碳达峰碳中和[N].人民日报,2023-04-06(6).

[149] 刘发为.应对气候变化中国积极行动[N].人民日报海外版,2023-12-18(7).

[150] 侯黎强.COP28上活跃的中国身影[N].人民日报海外版,2023-12-18(7).

[151] 张保淑.能源绿色转型澎湃发展动能[N].人民日报海外版,2023-12-18(9).

[152] 管克江,张志文,任皓宇.加强国际协作共谋绿色发展:《联合国气候变化框架公约》第二十八次缔约方大会中国角主题边会综述[N].人民日报,2023-12-11(14).

[153] 邹松.绿色合作,助力南非加快能源转型[N].人民日报,2023-12-08(3).

[154] 李拯.探索多样化绿色转型路径:积极稳妥推进碳达峰碳中和 [N].人民日报,2023-12-08(5).

[155] 李晓宏,张朋辉,章斐然,等.打造共建"一带一路"的"绿色名片"[N].人民日报,2023-11-29(17).

[156] 李贞.让绿色交通惠及世界[N].人民日报海外版,2023-11-28(5).

[157]潘旭涛.逐"绿"前行,能源转型再提速[N].人民日报海外版,2023-11-14(5).

[158]刘少华.绿色基建走向世界[N].人民日报海外版,2023-11-08(5).

[159]廖睿灵.能源绿色高质量发展有序推进[N].人民日报海外版,2023-10-31(3).

[160]徐雷鹏.聚焦绿色建造加快低碳转型[N].人民日报,2023-10-19(17).

[161]贾平凡,徐令缘.中国为全球环境治理贡献智慧[N].人民日报海外版,2023-10-12(6).

[162]刘发为.绿色低碳潮涌神州[N].人民日报海外版,2023-09-26(8).

[163]林子涵.中国可再生能源发展"加速跑"[N].人民日报海外版,2023-09-18(10).

[164]杨俊峰.丝绸之路上的绿色明珠:新疆维吾尔自治区巴音郭楞蒙古自治州采访纪行[N].人民日报海外版,2023-09-13(5).

[165]刘书文.为绿色低碳转型添动能[N].人民日报,2023-09-13(11).

[166]刘发为.节能降碳你我同行:写在第11个"全国低碳日"之际[N].人民日报海外版,2023-07-18(8).

[167]廖睿灵."三桶油"发力绿色低碳转型[N].人民日报海外版,2023-05-04(4).

[168]贯彻新发展理念 助力实现"双碳"目标[N].人民日报,2023-04-12(10).

[169]董丝雨,刘温馨.贯彻新发展理念助力碳达峰碳中和:2023碳达峰碳中和绿色发展论坛综述[N].人民日报,2023-04-11(10).

[170]刘发为."双碳"路上中国阔步前行[N].人民日报海外版,2023-04-11(8).

[171]贯彻新发展理念助力实现"双碳"目标[N].人民日报,2023-04-10(10).

[172]贯彻新发展理念助力实现"双碳"目标[N].人民日报,2023-04-10(11).

[173]王俊岭.以技术创新支撑绿色低碳发展[N].人民日报海外版,2023-01-04(3).

[174]李贞."双碳"目标,中国在行动[N].人民日报海外版,2022-03-23(5).

[175]崔妍.发挥"试点建设"先行先试作用[N].人民日报,2023-12-22(5).

[176]李拯.探索多样化绿色转型路径[N].人民日报,2023-12-08(5).

[177]邹翔.加快构建"双碳"政策体系.人民日报,2023-12-20(7).

[178] 李思瑶,张诗奇,刘晗旭.向"绿"而行中国外运助力联合国气候变化迪拜大会.光明日报,2023-12-15

[179] 李菲.一座"资源之城"低碳发展的绿色答卷[N].光明日报,2023-12-02(9).

[180] 张蕾.推动绿色低碳转型共建全球生态文明[N].光明日报,2023-11-07(8).

[181] 蔺紫鸥.绿色发展高级别论坛:"绿色丝路是造福人类和地球的新路"[N].光明日报,2023-10-19(7).

[182] 高平,王潇,孙亚辉.绿色发展"风光"无限[N].光明日报,2023-10-13(5).

[183] 李晓,刘博超,陆健."绿色、智能、节俭、文明"成就精彩盛会的密码[N].光明日报,2023-09-28(9).

[184] 李建斌,王婕.共谋能源低碳发展未来:2023年太原能源低碳发展论坛综述[N].光明日报,2023-09-09(4).

[185] 李睿宸,王金虎.深化绿色发展共创低碳未来[N].光明日报,2023-09-05(8).

[186] 高平,土昊魁,王潇,等.增加"含绿量"提升"含金量":内蒙古锡林郭勒盟以绿色发展推进经济高质量发展[N].光明日报,2023-08-29(5).

[187] 刘习,陆健.国家发改委发布"双碳"三年成果[N].光明日报,2023-08-16(3).

[188] 光明日报评论员.加快推进人与自然和谐共生的现代化:论深入学习贯彻习近平总书记在全国生态环境保护大会上的重要讲话精神[N].光明日报,2023-07-21(1).

[189] 张哲浩,李洁,王鹏."科技绿"带来产业兴:陕西西咸新区锚定"双碳"目标打造高端产业链[N].光明日报,2023-07-07(10).

[190] 王晓樱,陈怡,王轩尧.博鳌东屿岛:向世界展示中国"双碳"发展成果[N].光明日报,2023-04-03(8).

[191] 周洪双,李晓东.科技赋能"双碳"绿色引领发展[N].光明日报,2023-04-02(1).

[192] 安胜蓝,龚亮,严圣禾.助力"双碳"目标实现大湾区打造绿色金融新高地[N].光明日报,2022-11-29(12).

[193] 姚亚奇.在这里读懂"绿色""双碳"[N].光明日报,2022-09-05(7).

[194] 陈海波.实现"双碳"目标,制造业何为[N].光明日报,2022-07-30(9).

[195] 党文婷,严圣禾.在全球气候治理中体现大国担当:百川论坛:全球气候治理与中国"双碳"战略二〇二二研讨会侧记[N].光明日报,2022-05-30(12).